JN017251

Conquête parfaite des verbes français

フランス語 動詞 完全攻略ドリル

岩根 久 ＋ 渡辺貴規子 著

白水社

装丁　古屋真樹（志岐デザイン事務所）
本文デザイン　九鬼浩子（株式会社スタジオプレス）
フランス語校閲　Benjamin SALAGNON

はじめに

フランス語を学びはじめた人たちの印象としてよく耳にするのは「男性名詞とか女性名詞とかあって面倒」とか「動詞の形の変化が煩わしい」という声である。なるほどその通りで、英語と比較してフランス語の「とっつきにくい」特色をよく捉えている。

学習者が動詞に関して最初に遭遇するこのような「困難」を克服するためには、状況（法・時制・人称・数）に応じた動詞の形態変化が反射的に出てくるようにする訓練が必要で、それを目指したのが前著『フランス語動詞活用ドリル 虎の穴』（白水社）である。ここでは、あえて文脈を一切捨象し、動詞の形態に的を絞った習得ができるような構成となっている。

本書『フランス語動詞完全攻略ドリル』はアプローチがそれとは異なり、動詞が文脈の中でどのように使われているかを確認するとともに、形態変化が学習できるよう工夫されている。学習対象になっているのは仏検3級レベルまでの動詞。問題文には必要に応じて日本語が付されているので、多くの文例に触れながらこの動詞の形はこんな時にこのように使うのだ、という経験知を積み重ねていただきたい。動詞の形態だけではなく、語彙使用の習得も本書のねらいである。フランス語作文が若干難しく感じられるかもしれないが、それまでの問題をクリアした上での総合問題として取り組んでいただけたら幸いである。

なお、本書の解説部分は岩根が担当し、主要部である問題部分は渡辺貴規子氏が担当した。随所にちりばめられている珠玉の文例をぜひ味わっていただきたい。フランス語校閲は大阪大学マルチリンガル教育センターのバンジャマン・サラニョン（Benjamin Salagnon）氏にご担当いただいた。ご多忙にもかかわらず多量のフランス語テキストを丁寧に校閲してくださったことに著者一同大変感謝している。また、校正の作業をお手伝いいただいた堤崎暁氏に心から感謝の意を捧げたい。

著者代表　岩根 久

目次

être ～である、～にある／いる		avoir ～を持っている	
je suis	nous sommes	j' ai	nous avons
tu es	vous êtes	tu as	vous avez
il / elle est	ils / elles sont	il / elle a	ils / elles ont

être の用法

être はおおよそ英語の動詞 be に相当し、形容詞・名詞などの補語をとる。

1. 状態や性質を表す

Ils **sont** fatigués.　彼らは疲れています。

Pierre, tu **es** fiévreux.　ピエール、君、熱があるよ。

Martine **est** intelligente.　マルティーヌは頭がいい。

Le chien **est** un animal fidèle.　犬は忠実な動物です。

Ces fleurs **sont** des roses.　これらの花はバラです。

補語になるのが、身分・職業・国籍など、主語の属性を表す名詞のときは無冠詞。

Il **est** chef de cette équipe.　彼はチームのリーダーだ。

Elle **est** française.　彼女はフランス人です。

2. de+ 不定詞を意味上の主語とする非人称表現

Il **est** difficile de trouver une bonne solution.

いい解決法を見つけるのは難しい。

3. 同定表現 c'est ～ , ce sont ～

Qu'est-ce que c'**est** ?　これ［それ／あれ］は何ですか。

— Ce **sont** des fleurs de pommier.　– これ［それ／あれ］はリンゴの花です。

— C'**est** l'école de Pierre.　– これ［それ／あれ］はピエールの学校です。

Qui est-ce ? — C'**est** ma nièce.　この［その／あの］人は誰ですか？　– 姪です。

4. 位置・存在を表す

どこにいるか／あるかに焦点があたっている。

Où **est** mon portefeuille ? — Il **est** sur la table.

僕の財布どこかな。　– テーブルの上にあるよ。

5. 時間・暦の表現

Quelle heure **est**-il ? — Il **est** dix heures.　何時ですか？　– 10 時です。

Nous **sommes** en hiver.　冬です。

Le combien **sommes**-nous ?　今日は何日ですかね？
— Nous **sommes** le 24.　－ 24 日ですよ。
Quel jour **sommes**-nous ?　今日は何曜日ですか？
— Nous **sommes** mercredi.　－水曜日ですよ。

avoir の用法

avoir は、おおよそ英語の動詞 have に相当し、直接目的語をとる。

1. 持ち物、家族の有無など

Vous **avez** une belle voiture.　いい車をお持ちですね。
Vous **avez** des fraises ?　イチゴありますか？（お店で）
J'**ai** deux frères.　私には兄弟が 2 人いる。
Paul et Marie **ont** des chats.　ポールとマリーは猫を飼っている。
Elles **ont** les yeux bruns.　彼女たちは褐色の目をしている。
Vous **avez** beaucoup de temples à visiter à Kyoto.
　京都には見物すべきお寺が多くある。

2. 年齢、状態など

Elle n'**a** pas le temps aujourd'hui.　彼女は今日は時間がない。
Pierre, tu **as** de la fièvre.　ピエール、君、熱があるよ。
J'**ai** un mot à te dire.　君にひとこと言いたい。
Quel âge **a** votre père ?　— Il **a** soixante-dix ans.
　　　　　　　　　　　お父さんはおいくつですか？　－ 70 歳です。

3. 存在を表す非人称表現 il y a

何がいるか／あるかに焦点があたっている。
Qu'est-ce qu'il y **a** dans le frigo ?　冷蔵庫の中に何がありますか？
— Il y **a** de la viande, des légumes, du lait..., mais pas de bière.
　　　　　　　　　　　　－肉と野菜とミルクと、でもビールはないよ。
Il n'y **a** personne dans les rues à cause de la chaleur.
　　　　　　　　　　　　　暑さのせいで通りには誰もいない。

4. 無冠詞名詞を直接目的語にとる慣用表現

J'**ai** faim.　お腹がすいた。
J'**ai** chaud.　暑い。
Vous **avez** raison.　あなたは正しい。
Qu'est-ce que tu **as** ?　どうしたの？
— J'**ai** mal au cœur.　－気分が悪い。
— J'**ai** mal aux dents.　－歯が痛い。

1. être の直説法現在形の活用表の空欄を埋めましょう。

je		nous	
tu	es	vous	
il		ils	
elle		elles	sont

2. 例にならって、[ ]の語を使って文をつくりましょう。

例) [je / étudiant] → Je suis étudiant.

1) [je / infirmière] → _____

2) [tu / paresseux] → _____

3) [il / très heureux] → _____

4) [elle / adorable] → _____

5) [il / bon pâtissier] → _____

6) [elle / juste] → _____

7) [ils / inconnus] → _____

8) [Naomi / une femme dangereuse] → _____

9) [cette histoire / romantique] → _____

10) [tu / chic] → _____

3. 1) ～ 7) に続くふさわしいものを a) ～ g) から選びましょう。

1) Il・　　　　　　　　・a) est amoureuse de Jacques.

2) Marie・　　　　　　・b) sommes en février.

3) Je・　　　　　　　　・c) est beau.

4) Elles・　　　　　　・d) es médecin.

5) Ses étudiants・　　・e) sont très sérieux.

6) Nous・　　　　　　・f) suis heureuse de vous rencontrer.

7) Tu・　　　　　　　　・g) sont employées de supermarché.

8) Quelle heure・　　・h) est mon sac à main ?

9) Où・　　　　　　　　・i) est - il ?

4. être を直説法現在に活用させて文を完成させましょう。

1) Je _____ avocat.

2) Mon petit ami _____ dentiste.

3) Elle _____ très jolie.

4) Je _____ à Tokyo, mais ma famille _____ à Osaka.
5) Elles _____ à Paris depuis 3 ans.
6) Cette belle robe _____ à moi.
7) Ce _____ des extraterrestres.
8) C' _____ une poupée russe.
9) Je _____ heureuse de vous rencontrer.
10) Ces enfants _____ encore trop jeunes pour lire ce livre.
11) Tu ____ seul à Noël ! Viens chez nous !
12) Elle _____ gentille comme une sainte.
13) Je _____ désolé, je _____ en retard !
14) Vous _____ une femme indépendante.
15) Le mur de cette maison _____ vert. Je ne sais pas pourquoi.
16) Nous _____ désolés de ce désagrément, madame.
17) Chéri, je _____ bonne cuisinière, n'est-ce pas ?
18) Il _____ satisfait de son travail.
19) Elles _____ contentes de ce voyage.
20) Il _____ difficile de finir ce travail.
21) Cette histoire _____ romantique.
22) Vous _____ réellement agréables.
23) Ma mère _____ bavarde.
24) Vous _____ où, maintenant ?

5. **avoir** の直説法現在形の活用表の空欄を埋めましょう。

j'	ai	nous	
tu		vous	
il		ils	
elle		elles	

6. **avoir** を直説法現在に活用させて、質問と答えの文を完成させましょう。
1) ____ -tu des frères et sœurs ? − Oui, j'____ une petite sœur.
2) ____ -tu des cousins ? − Non, parce que mes parents sont enfants uniques.
3) Quel âge _____ -tu ? − J'_____ 8 ans !
4) Quel âge ____ -t-il, votre père ? − Il ____ 85 ans.
5) Tu dis que j'____ tort ? − Mais non ! Tu ____ toujours raison.

7. avoir を直説法現在に活用させて文を完成させましょう。

1) Elle _____ les poissons tropicaux chez elle.

2) Père Noël _____ la barbe blanche.

3) Vous _____ une autre couleur ?

4) Cette fille ____ un turban bleu.

5) Je n'____ pas mon portefeuille sur moi.

6) Il ____ son chien chez lui.

7) J'____ un oncle et une tante.

8) Tu ____ de beaux gants.

9) Il ____ beaucoup d'ennemis au bureau.

10) Hiroshi ____ un caractère doux.

11) Nous n'_____ plus de baguette.

12) Vous _____ un panaché ?

13) Tu ____ un doctorat en économie. Super !

14) Kyoto ____ plusieurs temples bouddhistes.

15) Nous _____ beaucoup d'amis en France.

16) Elle ____ une magnifique robe.

17) J'____ beaucoup de DVD d'animation japonaise.

18) Vous _____ des questions ?

19) Ce livre ____ plus de cinq cents pages. Je ne veux pas le lire.

20) Il y _____ deux assiettes sur la table.

8. avoir を直説法現在に活用させて文を完成させましょう。

1) Ils _____ du courage !
彼らは勇敢だ。

2) Tu _____ l'air fatigué.
疲れているんじゃないかい。

3) Elle ____ toujours faim.
彼女はつねにおなかを空かせている。

4) Il fait beau ! Il y ____ du soleil !
いい天気！ 太陽さんさん！

5) Elles _____ toutes la larme facile.
彼女たちは全員涙もろい。

6) J'en ____ assez !
もうたくさんよ！

10

7) Tu _____ de la chance !
お前ついてるな！

9. 1) ～ 6) に続くふさわしいものを *a)* ～ *f)* から選びましょう。

1) Vous　　　　　・　　　　　・ a) a un petit oiseau chez elle.
2) Elles　　　　　・　　　　　・ b) a sept étages.
3) Cet homme　　・　　　　　・ c) êtes italiens ?
4) Ce bâtiment　・　　　　　・ d) a des cheveux gris.
5) Mariko　　　　・　　　　　・ e) est l'une des plus belles villes du monde.
6) Paris　　　　　・　　　　　・ f) sont trop délicates.

10. *être* または *avoir* を直説法現在に活用させて文を完成させましょう。

1) Elle _____ un grand frère.
彼女は兄が一人います。

2) Ils _____ les yeux bleus.
彼らは青い目をしている。

3) _____ -vous l'heure ?
今何時かわかりますか？

4) Je _____ photographe.
私は写真家です。

5) En ce moment, je n'____ pas le temps pour voir mes amis.
今は友達に会う時間がない。

6) Elle _____ professeur de mathématiques.
彼女は数学の教師です。

7) Vous _____ trop gai.
あなたは明るすぎる。

8) Ses étudiants _____ très sérieux.
彼が教える学生たちはとても勤勉だ。

9) M. Yamada ____ une grande collection d'art moderne.
山田氏は現代アートの素晴らしいコレクションを有している。

10) Ma mère _____ à Paris.
私の母はパリにいる。

11) J'____ soif.
のどが渇いた。

12) Il _____ facile de se plaindre.
文句を言うのは簡単だ。

13) Maman ! J'___ faim !
ママ、おなかすいた！

14) Il ___ un rhume.
彼は風邪をひいている。

15) Tu _____ de la fièvre !
熱があるじゃない！

16) J'___ froid ici.
ここ、寒いよ

17) Ils _____ courageux.
彼らは勇敢だ。

18) J'___ mal à l'estomac. Je _____ très stressé.
胃が痛い。ストレスがかかっている。

19) Ma sœur ___ trois motos. – Ce n'est pas vrai.
うちのお姉ちゃんバイク3台持ってる。 － うそだろ。

20) Vous _____ encore dix minutes.
まだあと10分あります。

21) Elles _____ la passion de la langue française.
彼女たちにはフランス語を学ぶ情熱がある。

22) Elles _____ passionnées par la langue française.
彼女たちはフランス語に熱中している。

23) Il ___ du génie, mais ça ne se voit pas.
彼には天才的な才能がある。でもそうは見えない。

24) Tu ___ si sage que tu ne juges pas les gens par leur apparence.
君は賢明だから、人を外見で判断しないよね。

25) Ils _____ beaux et assez sympathiques.
彼らはカッコイイし、わりと感じも良い。

26) Ils _____ l'air contents. – C'est naturel. Ils _____ de bonnes nouvelles.
彼らはうれしそうだ。 － そりゃそうだ、いい知らせがあったんだから。

27) J'___ trop de choses à faire !
やること多すぎ！

28) Il ___ intelligent, mais il n'_____ pas gentil avec moi.
彼は頭はいいけど私に優しくない。

29) Hanako, elle ___ de la patience. Son petit ami _____ assez enfantin.
ハナコって我慢強いよね。あの子の彼かなり子どもっぽいもん。

30) Nous _____ inquiets pour l'avenir de votre fils.
我々は息子さんの将来が心配なんですよ。

31) Nous _____ du mal à comprendre notre fils.
私たちは息子を理解するのに苦労している。

32) Tu ___ magnifique dans ce complet !
このスーツを着ているあなた、カッコイイ！

33) Ma petite fille ___ la gentillesse de m'accompagner à l'hôpital.
私の孫娘はとても優しくて、私の病院通いに付き添ってくれる。

34) Quel jour _____ -nous ?
今日は何曜日ですか？

35) Ma petite fille _____ si gentille qu'elle m'accompagne à l'hôpital.
私の孫娘はとても優しくて、私の病院通いに付き添ってくれる。

36) Tu ___ la sagesse de ne pas juger les gens par leur apparence.
君は賢明だから、人を外見で判断しないよね。

37) Mon père _____ malade depuis deux mois.
父は2か月前から体調が悪い。

38) Taro n'_____ pas sympathique.
太郎は感じが悪い。

11. 空欄を埋めて文を完成させましょう。

1) オランジーナありますか？（飲食店で）
_____ _____ de l'ORANGINA ?

2) 今、春です。
_____ _____ au printemps.

3) すみません、ペンを持っておられませんか。
Excusez-moi, _____ _____ un stylo ?

4) 彼女は夫のプレゼントに驚く。
_____ _____ _____ du cadeau de son mari.

5) ジュリーとマルクには二人の娘がいる。とてもいい子たちです。
Julie et Marc _____ deux _____ . _____ _____ _____ sages.

練 習 問 題 解 答

1. je suis   il est   elle est   nous sommes   vous êtes   ils sont

2. 1) Je suis infirmière.   2) Tu es paresseux.   3) Il est très heureux.
4) Elle est adorable.   5) Il est bon pâtissier.   6) Elle est juste.
7) Ils sont inconnus.   8) Naomi est une femme dangereuse.
9) Cette histoire est romantique.   10) Tu es chic.

3. 1) c   2) a   3) f   4) g   5) e   6) b   7) d   8) i   9) h
［和訳］1) 彼はカッコいい。   2) マリーはジャックに恋している。   3) あな
たに出会えてうれしいです。   4) 彼女たちはスーパーの店員です。   5) 彼が
教える学生たちはとても勤勉だ。   6) 今２月です。   7) 君は医者だよね。
8) 何時ですか？   9) 私のハンドバッグはどこ？

4. 1) suis   2) est   3) est   4) suis / est   5) sont   6) est   7) sont   8) est
9) suis   10) sont   11) es   12) est   13) suis / suis   14) êtes   15) est
16) sommes   17) suis   18) est   19) sont   20) est   21) est   22) êtes
23) est   24) êtes
［和訳］1) 私は弁護士です。   2) 私の彼は歯医者だ。   3) 彼女はとて
もかわいい。   4) 私は東京にいますが、家族は大阪にいます。   5) 彼
女たちは３年前からパリにいます。   6) この美しいドレスは私のも
のです。   7) 彼らは宇宙人だ。   8) それはマトリョーシカです。
9) あなたに出会えてうれしいです。   10) この子どもたちは、その本を読
むにはまだ小さすぎる。   11) クリスマスに独りぼっちなの！うちに来なさ
いよ。   12) 彼女は聖女のように優しい。   13) ごめんなさい、遅れます！
14) あなたは自立した女性でいらっしゃる。   15) あの家の壁は緑色だ。なぜ
かは知らない。   16) 不愉快な思いをさせてしまい申し訳ございません、マダム。
17) ねえあなた、私って料理うまいわよね？   18) 彼は自分の仕事に満足して
いる。   19) 彼女たちはこの旅行に満足している。   20) その仕事を終わらせ
るのは難しい。   21) その話はロマンティックだ。   22) あなたたちは本当に
感じのいい方たちね。   23) 母はおしゃべりだ。   24) 君たち、今どこにいるの？

5. tu as   il a   elle a   nous avons   vous avez   ils ont   elles ont

6. 1) As / ai   2) As   3) as / ai   4) a / a   5) ai / as
［和訳］1) きょうだいはいるの？ ―うん、妹がひとりいるよ。   2) 従兄弟はい
ますか？ ―いいえ。両親ともに一人っ子なんだよね。   3) 何歳なの？ ―８歳
です！   4) お父様はおいくつですか？ ―85歳です。   5) 私が間違ってると
いうの？ ―まさか！君はいつだって正しいよ。

7. 1) a　2) a　3) avez　4) a　5) ai　6) a　7) ai　8) as　9) a
10) a　11) avons　12) avez　13) as　14) a　15) avons　16) a
17) ai　18) avez　19) a　20) a
［和訳］1）彼女は家に熱帯魚を飼っている。　2）サンタクロースは白いひげ
を生やしている。　3）他の色ありますか？　4）あの少女は青いターバンを
している。　5）今財布を持ってないんだよね。　6）彼は犬を飼っている。
7）私には叔父と叔母が一人ずついます。　8）君は美しい手袋をつけているね。
9）彼は職場に多くの敵がいる。　10）ヒロシは穏やかな性格だ。
11）バゲットは売り切れです。　12）パナシェありますか？　13）君は経済学の
博士号持っているんだってね。すごい！　14）京都には多くの仏教寺院がある。
15）私たちはフランスに多くの友達がいる。　16）彼女は素晴らしいドレ
スを着ている。　17）私は日本のアニメの DVD をたくさん持っている。
18）質問はございますか？　19）この本、500 ページ以上ある。読みたくない。
20）テーブルの上に 2 枚の皿がある。

8. 1) ont　2) as　3) a　4) a　5) ont　6) ai　7) as

9. 1) c　2) f　3) d　4) b　5) a　6) e
［和訳］1）君たちはイタリア人ですか？　2）彼女たちは繊細すぎる。　3）その
男は白髪まじりです。　4）この建物は 7 階建てです。　5）マリコは家に小鳥
を飼っている。　6）パリは世界で最も美しい街のひとつだ。

10. 1) a　2) ont　3) Avez　4) suis　5) ai　6) est　7) êtes　8) sont
9) a　10) est　11) ai　12) est　13) ai　14) a　15) as　16) ai
17) sont　18) ai / suis　19) a　20) avez　21) ont　22) sont
23) a　24) es　25) sont　26) ont / ont　27) ai　28) est / est
29) a / est　30) sommes　31) avons　32) es　33) a　34) sommes
35) est　36) as　37) est　38) est

11. 1) <u>Vous</u> <u>avez</u> de l'ORANGINA ?
2) <u>Nous</u> <u>sommes</u> au printemps.
3) Excusez-moi, <u>vous</u> <u>avez</u> un stylo ?
4) <u>Elle</u> <u>est</u> <u>surprise</u> du cadeau de son mari.
5) Julie et Marc <u>ont</u> deux <u>filles</u>. <u>Elles</u> <u>sont</u> <u>très</u> sages.

2 直説法現在

er 動詞／ir 動詞（規則型／不規則型）

er 動詞

-er	
je **-e**	nous **-ons**
tu **-es**	vous **-ez**
il / elle **-e**	ils / elles **-ent**

不定詞の語尾が er で終わる動詞は aller（→ p32）を除き規則的な活用をする。語幹（- の部分、下の表では下線を引いた部分）は変化せず、上のように語尾が変化する（ただし、注意を要する er 動詞参照→ p54）。フランス語ではこの型の動詞が最も多い。

dans<u>er</u> 踊る	
je <u>dans</u>e	nous <u>dans</u>**ons**
tu <u>dans</u>**es**	vous <u>dans</u>**ez**
il / elle <u>dans</u>e	ils / elles <u>dans</u>**ent**

aim<u>er</u> 〜を好む、愛する	
j' <u>aim</u>e	nous <u>aim</u>**ons**
tu <u>aim</u>**es**	vous <u>aim</u>**ez**
il / elle <u>aim</u>e	ils / elles <u>aim</u>**ent**

J'**aime** les chats.　私は猫が好きです。
Mes parents n'**aiment** pas le café.　私の両親はコーヒーが好きではありません。
Il **habite** en Chine / au Japon / aux États-Unis.
　　　　　　　　　　　　　彼は中国／日本／アメリカに住んでいる。

・aimer（〜を好む）, adorer（〜を熱愛する）, préférer（〜の方を好む）, détester（〜を嫌う）などのような好き嫌いを表現する動詞では、目的語になる名詞は定冠詞（総称の定冠詞：数える名詞は複数形、数えない名詞は単数形）をとる。

・「〜で、〜に、〜へ」を表す前置詞は、後ろの国名の性によって異なる。
　en ＋ 無冠詞国名： 女性単数国名（語尾が e となっているのが特徴）
　　　　　　　　　　la Chine 中国、la France フランス、l'Allemagne ドイツ など
　　　　　　　　　　語頭が母音の男性単数国名
　　　　　　　　　　l'Afganistan アフガニスタン、l'Iran イラン など
　au ＋ 国名： 語頭が子音の男性単数国名（語尾がほとんどの場合 e 以外の文字）
　　　　　　　　　　le Canada カナダ、le Japon 日本、le Portugal ポルトガル など
　aux ＋ 国名： 複数形の国名　les États-Unis アメリカ合衆国、
　　　　　　　　　　les Pay-Bas オランダ など
　à ＋ 都市名： à New-York ニューヨークで、à Osaka 大阪で、à Paris パリで

直説法現在の用法

1. 現在の状態・動作、動作中の行為（英語の現在進行形）を表す。

Elle *écoute* la radio.　彼女はラジオを聞く／聞いている。

2. 繰り返し行われる事象・行為を表す。

Ce musée *ferme* le lundi.　この博物館は月曜閉館だ。

3. 現在の延長として、未来に確実に行われる事象・行為を表す。

Ce soir, je *dîne* avec mes parents.　今晩、私は両親と夕食をとる。

4. 普遍的な事実を表す。

La Lune *tourne* autour de la Terre.　月は地球の周りを回っている。

5. 過去の出来事が目の前で起こっているように表現する。（歴史的現在）

Les soldats *entrent* dans la ville et *avancent* vers le château.
兵士たちは町に入り、城に向かって進んだ。

ir 動詞

　不定詞の語尾が ir で終わる動詞は規則型のものと不規則型のものがある。フランス語では er 動詞に次いで、この型の動詞が多い。

ir 動詞・規則型

語幹は変化しない。語尾は複数人称で ss が入るのが特徴。

-ir	
je -is	nous -issons
tu -is	vous -issez
il / elle -it	ils / elles -issent

finir　終わる、～を終える		choisir　～を選ぶ	
je finis	nous finissons	je choisis	nous choisissons
tu finis	vous finissez	tu choisis	vous choisissez
il / elle finit	ils / elles finissent	il / elle choisit	ils / elles choisissent

Cette séance *finit* à 15 heures 30.　この上演は 15 時 30 分に終わる。
Vous *choisissez* cette cravate pour moi ?
私にこのネクタイを選んでくださるんですか？

ir 動詞・不規則型

1. 不定詞の語尾 -frir, -vrir

ouvrir 開く、〜を開ける	
j' ouvre	nous ouvrons
tu ouvres	vous ouvrez
il / elle ouvre	ils / elles ouvrent

er 動詞と同じ活用語尾を持つ。
動詞例：couvrir（〜を覆う）, découvrir（〜を発見する）, offrir（〜を贈る）,
　　　　souffrir（〜苦しむ）など
Elle **ouvre** la fenêtre à cause de la chaleur.　暑さのため、彼女は窓を開ける。
Aujourd'hui, nous **offrons** une réduction de 10%.
　　　　　　　　　　　　　　　　　今日は10％割引させていただきます。

2. 不定詞の語尾 -r□ir, -ntir（□は子音字）

partir 出発する		sentir 匂いがする、〜を感じる	
je pars	nous partons	je sens	nous sentons
tu pars	vous partez	tu sens	vous sentez
il / elle part	ils / elles partent	il / elle sent	ils / elles sentent

単数人称で語幹が短くなる。
動詞例：dormir（眠る）, mentir（嘘をつく）, servir（（料理など）を出す）,
　　　　sortir（出る）など
Mon train **part** de la Gare du Nord.　私の乗る列車は北駅から出発する。
Les enfants **dorment** plus que les adultes.　子どもは大人より睡眠時間が長い。
Je **sens** ma faiblesse.　私は自分の無力を感じている。

3. 不定詞の語尾 -enir

venir 来る	
je viens	nous venons
tu viens	vous venez
il / elle vient	ils / elles viennent

語幹の変化を伴う特殊な活用をする。
動詞例：devenir（〜になる）, revenir（再び来る）, tenir（〜を持つ、つかむ）など
D'où **venez**-vous ?　どこから来られましたか？
－ Je **viens** de Chine [d'Allemagne / du Japon / des États-Unis].
　　　　　　　　　　　　　　　　　―中国［ドイツ／日本／アメリカ］からです。

Ils **tiennent** toujours leur parole.　彼らはいつも約束を守る。

Nous **revenons** dans quelques semaines.

私たちは何週間かしたら戻ってきます。

・「～から」を表す前置詞は、後ろの国名の性によって異なる。

de(d' *)＋無冠詞国名：女性単数国名と、語頭が母音の男性単数国名の場合

du ＋国名：語頭が子音の男性単数国名の場合

des ＋国名：複数国名の場合

de(d' *)＋都市名

＊エリジオンに注意

4. courir

courir　走る	
je cours	nous courons
tu cours	vous courez
il / elle court	ils / elles courent

語幹は変化しない。

動詞例：accourir（駆けつける）、secourir（救う）など courir に接頭辞がついた動詞

Ils **courent** très vite !　彼らは速く走るね！

1. 直説法現在の活用表を完成させましょう。

	donner	travailler	réussir	sentir
je				
tu				
il / elle				
nous				
vous				
ils / elles				

2. 次の直説法現在の動詞の不定詞を書きましょう。

1) apporte　運ぶ ＿＿＿＿＿

2) tourne　曲がる ＿＿＿＿＿

3) offrez　贈る ＿＿＿＿＿

4) arrivons　到着する ＿＿＿＿＿

5) demande　求める ＿＿＿＿＿

6) oublient　忘れる ＿＿＿＿＿

7) déjeunons　昼食をとる ＿＿＿＿＿

8) dort　眠る ＿＿＿＿＿

9) remplis　埋める ＿＿＿＿＿

10) sert　仕える ＿＿＿＿＿

11) joue　遊ぶ ＿＿＿＿＿

12) fermez　閉める ＿＿＿＿＿

13) obtenez　得る ＿＿＿＿＿

14) deviens　〜になる ＿＿＿＿＿

15) réfléchissez　反射する ＿＿＿＿＿

16) quittes　やめる ＿＿＿＿＿

17) coupons　切る ＿＿＿＿＿

18) obéis　従う ＿＿＿＿＿

19) découvre　発見する ＿＿＿＿＿

20) guérissez　治す ＿＿＿＿＿

21) marchez　進む ＿＿＿＿＿

22) agissons　行動する ＿＿＿＿＿

23) souffres　苦しむ ＿＿＿＿＿

24) mens　うそをつく ＿＿＿＿＿

25) arrêtes　止める ＿＿＿＿＿

26) utilise　利用する ＿＿＿＿＿

3. （ ）のなかの動詞を直説法現在に活用させましょう。

1) Je (chanter) ＿＿＿＿ souvent au Karaoke tout seul.
僕はよくカラオケで一人で歌う。

2) Ma fille (aimer) ＿＿＿＿ le riz au curry.
娘はカレーライスが好きだ。

3) J'(habiter) ＿＿＿＿ à Osaka.
私は大阪に住んでいます。

4) Elle (déjeuner) ＿＿＿＿ toujours d'un sandwich au jambon.
彼女は昼ご飯をいつもハムサンドで済ませてしまう。

5) Mon mari (chanter) ＿＿＿＿ une chanson d'amour pour moi.
夫は私のためにラブソングを歌う。

6) Ils (accepter) _____ ces mauvaises conditions.
この悪い条件を彼らは受け入れるのだ。

7) La pluie (frapper) _____ le toit.
雨が屋根に打ち付ける。

8) Ils (aimer) _____ la pêche.
彼らは釣りを愛する。

9) Ils (habiter) _____ dans un bel appartement.
彼らは立派なアパルトマンに住んでいる。

10) Paul (adorer) _____ Kyoto.
ポールは京都が大好きです。

11) La Lune (tourner) _____ autour de la Terre.
月は地球の周りをまわる。

12) Qui (couper) _____ en six cette pizza très mince ?
このすごく薄いピザを誰が6等分に切ってくれるの？

13) Nous (decider) _____ de nous marier.
私たちは結婚を決める。

14) La Tamise (passer) _____ à Londres.
テムズ川はロンドンを流れている。

15) Je te (donner) _____ ça.
これあげる。

16) Cette année, il (neiger) _____ beaucoup plus à Tokyo qu'à Osaka.
今年は東京で大阪よりもすごく多くの雪が降っている。

17) On me (demander) _____ souvent le chemin.
私は人にめっちゃ道を聞かれる。

18) Je (parler) _____ couramment l'anglais parce que je suis né aux
États-Unis.
僕はアメリカ生まれなんで英語ペラペラなんだよね。

19) Nous (respecter) _____ Jean.
私たちはジャンを尊敬している。

20) Il (éviter) _____ toujours de dire des choses négatives.
彼はいつもネガティブなことを言わないようにする。

21) La première dame (accompagner) _____ le Premier Ministre lors
d'un voyage diplomatique.
ファーストレディーが首相の外交旅行に同行する。

22) À la fin de ce récit, cette orpheline (retrouver) _____ sa vraie famille.
この物語の最後で孤児の少女は自分の本当の家族と再会する。

23) Vous (porter) _____ une robe très chic !
とてもシックなドレスを着ておられるわね！

24) Nous ne (regarder) _____ les matchs de football que pendant la
Coupe du monde.
私たちはワールドカップのときしかサッカーの試合を見ない。

25) Marie Curie (gagner) _____ le prix Nobel de physique en 1903 et celui
de chimie en 1911.
マリー・キュリーはノーベル物理学賞を 1903 年に、ノーベル化学賞を 1911 年
に獲得した。

26) Nous (écouter) _____ souvent de la musique étrangère.
私たちはよく海外の音楽を聴く。

27) Comme il est rentré en France le mois dernier, il me (manquer)
_____ beaucoup.
先月彼がフランスに帰ってしまったから、彼がすごく恋しい。

28) Le professeur nous (poser) _____ une question très difficile.
先生は私たちに大変難しい質問をされる。

29) Sa gentillesse me (toucher) _____ .
彼の優しさが私を感動させる。

30) Il fait très froid maintenant. Mais le printemps (arriver) _____
bientôt.
今はとても寒い。でも春がもうすぐきますよ。

31) Nous (souhaiter) _____ travailler avec vous.
私たちはあなたと一緒にお仕事したいと思っているんです。

32) Coco Chanel (présenter) _____ une robe nouvelle en jersey en 1916.
ココ・シャネルは 1916 年にジャージー素材の新型ドレスを発表した。

4. ( ) のなかの動詞を直説法現在に活用させましょう。

1) Elle (finir) _____ un roman français.
彼女はフランスの小説を読み終える。

2) Ils (choisir) _____ de déclarer leur opinion.
彼らは意見を表明することに決める。

3) Apparemment, elles (réussir) _____ dans la vie, mais elles ne sont
pas contentes.
一見、彼女たちは人生の成功者なのだが、彼女たちは満足していない。

4) Prends ces médicaments. Ils (agir) _____ tout de suite.
この薬を飲みなさい。すぐに効くから。

5) Dans la maison hantée, Ayako (saisir) _____ son mari par le bras parce qu'elle a peur.
　　お化け屋敷で、アヤコは怖がって夫の腕を強くつかむ。

6) Ils (agir) _____ par calcul.
　　彼らは打算で動く。

7) Elles sont pieuses. Elles (obéir) _____ toujours à leur croyance.
　　彼女たちは信心深い。いつも信仰にしたがって行動する。

8) Je (réfléchir) _____ bien avant de prendre une décision.
　　私は決断する前にはよく考えます。

9) Le temps (guérir) _____ la douleur de l'amour perdu.
　　時間が失恋の痛みを癒やしてくれる。

10) Maxence (remplir) _____ les condition du concours du meilleur employé dans cette entreprise.
　　マクサンスはこの企業のベスト社員コンクールに出場する資格を備えている。

11) Quand (agir) _____ -vous ? C'est maintenant.
　　いつやるの？今でしょ。

12) Cette salle (réfléchir) _____ très bien le son.
　　この部屋はとても音響が良い。

13) Marie-Rose (remplir) _____ son mémoire de citations adéquates.
　　マリー＝ローズは論文に適切な引用を盛り込む。

14) Nous ne (saisir) _____ pas ce qu'ils veulent dire.
　　私たちは彼らが言いたいことが理解できない。

15) Ils (finir) _____ trois bouteilles de vin facilement.
　　彼らは簡単にワイン 3 本を空ける。

16) La solitude (saisir) _____ Francine brusquement.
　　フランシーヌは突然、孤独にとらわれる。

5. ( ) のなかの動詞を直説法現在に活用させましょう。

1) Quand Robin (tenir) _____ son bébé sur ses bras, cela lui donne l'impression d'être un père.
　　ロバンは赤ちゃんを腕に抱くとき、自分は父親なんだという実感がわく。

2) Nous (partir) _____ en voyage pendant les vacances d'été.
　　私たちは夏休みに旅行に行きます。

3) Madame Dupont (couvrir) _____ son bébé parce qu'il a froid.
　　寒いのでデュポンさんは赤ちゃんをくるむ。

4) En ce moment le vent (venir) _____ du sud-est.
今、風は南東から吹いています。

5) Elle (couvrir) _____ ses enfants chaudement.
彼女は子どもたちに暖かい服を着せる。

6) Ce film a un grand succès en Europe. Toute la France (courir) _____ voir ce film.
この映画はヨーロッパで大ヒットしている。フランス中の人がこの映画に殺到する。

7) Ça (sentir) _____ bon !
いいにおい！

8) Vous me (servir) _____ un peu de vin blanc, s'il vous plaît ?
白ワインを少しついでくださる？

9) Depuis quand (souffrir) _____-tu des dents ?
いつから歯が痛いの？

10) Nous (ouvrir) _____ un débat sur l'élection présidentielle.
大統領選に関する議論を始めましょう。

11) Tu (mentir) _____ mal. Ton visage raconte toute la vérité.
君ってうそが下手だね。顔がすべての真実を物語っているよ。

12) Nous (venir) _____ te chercher à la gare. Ne t'inquiète pas !
僕たちが君を駅まで迎えに行くよ。心配しないで！

13) Elles (mentir) _____ sur leur âge.
彼女たちは年齢の鯖を読む。

14) Les Champs-Elysées (partir) _____ de la place de Concorde.
シャンゼリゼ通りの起点はコンコルド広場である。

15) Ce roman (endormir) _____ les lecteurs.
この小説は読者をとても退屈させる。

16) Nous (repartir) _____ après un peu de repos.
すこし休憩したら、また出発しましょうか。

17) On (découvrir) _____ une superbe vue quand on arrive au sommet de cette montagne.
この山の頂上まで行けば、素晴らしい景色が開けますよ。

18) Ils (offrir) _____ leurs vœux de nouvel an à tous leurs collègues.
彼らはすべての同僚に新年の挨拶をする。

19) Le Great Gatsby (offrir) _____ à dîner tous les soirs. C'est toujours une fête splendide.
グレート・ギャツビーは毎晩晩餐会を催す。それはいつも華麗なるパーティーだ。

20) Je ne sais pas ce que mes anciens élèves (devenir) _____ .
   私は、かつての教え子たちが今どうしているか知らない。

21) Je t'(obtenir) _____ des billets pour les vols directs entre la France et
   le Japon.
   フランスと日本の直行便のチケットを君に取ってあげる。

22) Les eaux de Dotombori (dormir) _____ . Ne te jette jamais dans ce
   canal !
   道頓堀の水はよどんでいる。あの川に絶対飛び込んじゃだめ。

23) Elle (ouvrir) _____ un compte en banque quand elle commence à
   vivre en France.
   彼女はフランスで生活し始めるときに、銀行口座を開く。

24) Pierre a l'esprit vif. Il (saisir) _____ toutes les chances dans sa carrière.
   ピエールは頭が良い。彼は自分のキャリアにおいてすべてのチャンスをものにする。

6. 下線部に適切な動詞の直説法現在を入れて、会話を完成させましょう。

1) Quand finissez-vous votre travail ?
   − Je le _____ aussi vite que possible.

2) Qu'est-ce que vous _____ pour la fête de l'école ?
   − Nous chantons notre hymne d'école.

3) À quoi réussissez-vous ?
   − Nous _____ aux concours de promotion.

4) Qu'est-ce que vous aimez dans la cuisine japonaise ?
   − J'_____ beaucoup le poisson cru.

5) Depuis quand habitez-vous à Paris ?
   − J'y _____ depuis trois ans.

6) Quand _____-tu ?　− J'arrive dans une minute.

7) _____-vous d'un instrument de musique ?
   − Oui, je joue du piano et mon grand frère joue du violon.

8) Comment ça marche, tes affaires ?　− Elles _____ plutôt bien.

9) Qu'est-ce qui t'intéresse ?
   − Je m'_____ à la cuisine italienne.

10) Qu'est-ce que vous choisissez comme plat ?
   − Nous _____ le plat de poisson.

11) Je ne t'aime plus.　− Menteuse ! Toi, tu m'_____ toujours.

12) À quoi pensez-vous maintenant ?　− Je _____ à vous.

7. 下の動詞を用いて、直説法現在に活用させて文を完成させましょう。

1) On _____ la chanson "Joyeux Anniversaire" pour Hisashi.

2) Nous _____ Marie à préparer la fête.

3) Ce soir, mes parents _____ ensemble au restaurant.

4) Notre avion _____ à 17h 30. Nous avons encore le temps.

5) Nous vous _____ de prendre soin de votre santé.

6) Quelqu'un _____ la porte.

7) Vous _____ à achever votre mission.

8) Les filles ! Vous _____ bien à votre mère !

9) Elle _____ sa collection de DVD français à ses amis.

10) Nous _____ le printemps venir.

> aider chanter dîner frapper montrer obéir partir prier réussir sentir

8. 日本語の意味になるように空欄を埋めましょう。

1) Je _____ vendredi prochain.
   来週の金曜日に発ちます。

2) Il _____ souvent une berceuse pour son petit-fils.
   彼はよく孫に子守唄を歌う

3) Ce peintre _____ son tableau maintenant.
   この画家は今、絵画作品を仕上げる。

4) Il _____ en Iran depuis 10 ans.
   彼はイランに10年住んでいる。

5) Il _____ dans un quartier traditionnel.
   彼は伝統的な界隈に住んでいます。

6) Au Sud-Soudan, il y a beaucoup d'enfants qui _____ de la faim.
   南スーダンには、飢餓に苦しむ子どもたちがたくさんいる。

7) Ils _____ le jeux vidéo.
   彼らはゲームが好きだ。

8) Tu ne _____ pas dans le couloir !
   廊下を走るんじゃありません！

9) Comment vient-elle sur place ? – Elle _____ en voiture.
   彼女は現地にどうやって来ますか？ – 車で来ます。

10) Marc _____ toutes les fenêtres dès qu'il entre dans ma chambre.
    マークは私の部屋に来るなりすべての窓を開く。

11) Nous _____ apprendre la langue française.
　　私たちはフランス語学習が好きだ。

12) Je _____ ma chambre en bon état.
　　私は部屋をきれいに保つ。

13) Excusez-moi, madame, je _____ la bibliothèque municipale.
　　すみません、市立図書館を探しているのですが。

14) D'ici vous allez tout droit et vous _____ à gauche au prochain feu.
　　ここからまっすぐ行って、次の信号を左に曲がってください。

15) Il _____ très sérieusement.
　　彼はとてもまじめに働いている。

16) Hiroko _____ si vite que personne ne la rattrape.
　　ヒロコは大変速く歩くので、誰も彼女に追いつくことはできない。

17) Les fonctionnaires _____ le peuple.
　　公務員は国民に仕える。

18) Nous _____ à Nara, près du temple Todai-ji.
　　私たちは奈良の東大寺の近くに住んでいます。

19) Pierre _____ ses études à l'université.
　　ピエールは大学での学業を終える。

20) Colomb _____ le Nouveau Continent.
　　コロンブスは新大陸を発見した。

21) Je _____ tout de suite.
　　すぐに戻るよ。

22) Il _____ jusqu'à très tard chaque matin.
　　彼は毎朝とても遅くまで寝ている。

23) Elle _____ la plus jolie robe dans cette boutique.
　　彼女はこの店で一番きれいなドレスを選ぶ。

24) Mes grands-parents _____ l'espagnol depuis un an.
　　私の祖父母は1年前からスペイン語を学んでいる。

25) Claire n'_____ qu'un seul homme. C'est Maxime.
　　クレールはたった一人の男性だけを愛しています。それはマキシムです。

26) Qu'est-ce que tu _____ ?
　　お変わりないですか？

27) Le week-end, je _____ au tennis avec ma copine.
　　毎週末、彼女とテニスするよ。

28) Qu'est-ce que vous _____ comme boisson ?
　　飲み物は何にされますか？

29) Je _____ la fatigue après le travail au bureau.
私はデスクワークの後で疲れを感じる。

30) Marie _____ à ses examens.
マリーは試験に合格する。

31) C'est toi qui _____ ma douleur.
君こそが僕の苦しみを癒やす。

32) On croit que le coccinelle _____ le bonheur.
テントウムシは幸運を運んでくると信じられている。

33) Il n'entend rien quand il _____ avec ses enfants.
彼は自分の子どもたちと遊んでいるとき、何も聞こえなくなる。

34) Notre PDG a la faveur de tous les employés. Il _____ toujours en honnête homme.
私たちの社長はあらゆる社員のあこがれです。彼はいつも紳士的に振舞うのです。

35) Docteur, je vous _____ sincèrement.
先生、本当にありがとうございます。

36) Vous _____ mon fils qui est malade depuis longtemps.
先生が長年病気の息子を治してくださいます。

37) Ces médicaments _____ Paul de sa fièvre.
これらの薬がポールを高熱から回復させる。

38) Dans cet aquarium, les dauphins _____ bien au sifflet.
この水族館ではイルカたちがよく笛の音に従います。

39) Vous _____ dans 5 minutes. Alors, il sera certainement là.
5分後にもう一度来てください。そうしたら、彼は必ずいると思います。

40) Véronique _____ les personnes âgées dans le cadre d'une activité bénévole.
ヴェロニクはボランティア活動の一環として、お年寄りを訪問する。

41) Mon père ne ferme jamais la porte quand il _____ de la salle. C'est toujours un peu embêtant.
お父さんは部屋から出るとき絶対にドアを閉めない。いつもちょっとイラっとする。

42) Chaque jour, elle _____ très dur de 9 heures à 17 heures.
毎日、彼女は9時から17時まで一生懸命働く。

43) Et après, elle _____ le bureau tout de suite.
そのあとは即刻退社する。

44) Le miroir _____ la lumière de cette lampe-là.
鏡にあのランプの光が反射しているのね。

45) Elles _____ le grand prix lors d'un concours de pâtisserie.
彼女たちはパティシエコンクールでグランプリを獲得する。

46) Maintenant, nous _____ la cocotte d'un couvercle pendant 5 minutes.
それでは、5 分間鍋にふたをしましょう。

47) Dans l'État de droit, le peuple _____ à la loi.
法治国家では国民は法律に従う。

48) Tu _____ de te moquer de moi !
私を馬鹿にするのもいい加減にしろ！

9. 空欄を埋めて文を完成させましょう。

1) 大通りを渡るときには、右と左をよく見なさい。
____ _____ _____ à droite et à gauche quand tu _____ le boulevard.

2) 奥さんにクリスマスプレゼントに何をあげますか？
_____ - ___ que _____ _____ ___ votre femme comme cadeau de Noël ?

3) 私はうまくチョコレートケーキを焼く。
____ _____ un gâteau au chocolat.

4) 私たちは発ちますが、あなたのことを忘れません。
_____ _____ mais _____ ___ vous _____ pas.

5) 試験の準備をちゃんとするよ。 － それなら、全科目合格しますね！
_____ _____ _____ mes examens.
－ C'est pour ça que _____ _____ tous !

練 習 問 題 解 答

1.

	donner	travailler	réussir	sentir
je	donne	travaille	réussis	sens
tu	donnes	travailles	réussis	sens
il / elle	donne	travaille	réussit	sent
nous	donnons	travaillons	réussissons	sentons
vous	donnez	travaillez	réussissez	sentez
ils / elles	donnent	travaillent	réussissent	sentent

2. 1) apporter　2) tourner　3) offrir　4) arriver　5) demander　6) oublier
7) déjeuner　8) dormir　9) remplir　10) servir　11) jouer
12) fermer　13) obtenir　14) devenir　15) réfléchir　16) quitter
17) couper　18) obéir　19) découvrir　20) guérir　21) marcher
22) agir　23) souffrir　24) mentir　25) arrêter　26) utiliser

3. 1) chante　2) aime　3) habite　4) déjeune　5) chante　6) acceptent
7) frappe　8) aiment　9) habitent　10) adore　11) tourne　12) coupe
13) décidons　14) passe　15) donne　16) neige　17) demande
18) parle　19) respectons　20) évite　21) accompagne　22) retrouve
23) portez　24) regardons　25) gagne　26) écoutons　27) manque
28) pose　29) touche　30) arrive　31) souhaitons　32) présente

4. 1) finit　2) choisissent　3) réussissent　4) agissent　5) saisit
6) agissent　7) obéissent　8) réfléchis　9) guérit　10) remplit
11) agissez　12) réfléchit　13) remplit　14) saisissons　15) finissent
16) saisit

5. 1) tient　2) partons　3) couvre　4) vient　5) couvre　6) court
7) sent　8) servez　9) souffres　10) ouvrons　11) mens　12) venons
13) mentent　14) partent　15) endort　16) repartons　17) découvre
18) offrent　19) offre　20) deviennent　21) obtiens　22) dorment
23) ouvre　24) saisit

6. 1) finis　2) chantez　3) réussissons　4) aime　5) habite　6) arrives
7) Jouez　8) marchent　9) intéresse　10) choisissons　11) aimes
12) pense

［和訳］1) いつあなたは仕事を終わらせますか？ －なるべく早く終わらせます。

2）君たちは文化祭では何を歌いますか？　－私たちは校歌を歌います。　3）あな
たは何に合格しましたか？　－私たちは昇進試験に合格したのです。　4）日本の食
べ物では何が好きですか？　－私は刺身が大好きです。　5）いつからパリにお住
まいですか？　－3年前からです。　6）お前いつ着くんだよ。－あと1分で着く。
7）あなたたちは楽器を弾きますか？　－はい、私はピアノを弾き、兄はバイオ
リンを弾きます。　8）君の仕事はうまく行っているかい？　－まあまあうまく
行っているよ。　9）君は何に興味があるの？　－私はイタリア料理に興味が
あります。　10）お料理は何になさいますか？　－私たちは魚料理にします。
11）あなたのこと、もう愛してないの。－うそだね！君は僕を今でも愛してい
る。　12）なにを考えておられるのですか？　－あなたのことを考えていますよ。

7. 1) chante　2) aidons　3) dînent　4) part　5) prions　6) frappe
7) réussissez　8) obéissez　9) montre　10) sentons

［和訳］1）みんなでヒサシのためにバースデーソングを歌う。　2）私たちはマ
リーがパーティーを準備するのを手伝っています。　3）今夜、私の両親はレス
トランで一緒に食事だ。　4）私たちの飛行機は 17 時 30 分発です。まだ時間
があります。　5）どうかお身体を大切にしてください。　6）誰かが扉をノッ
クしている。　7）あなたたち、ミッション完了です。　8）娘たち！お母さん
の言うこと聞きなさい！　9）彼女は自分のフランスの DVD のコレクションを
友達に見せる。　10）私たちは春の訪れを感じる。

8. 1) pars　2) chante　3) finit　4) habite　5) habite　6) souffrent
7) aiment　8) cours　9) vient　10) ouvre　11) aimons　12) tiens
13) cherche　14) tournez　15) travaille　16) marche　17) servent
18) habitons　19) finit　20) découvre　21) reviens　22) dort
23) choisit　24) étudient　25) aime　26) deviens　27) joue
28) choisissez　29) sens　30) réussit　31) guéris　32) apporte
33) joue　34) agit　35) remercie　36) guérissez　37) guérissent
38) obéissent　39) revenez　40) visite　41) sort　42) travaille
43) quitte　44) réfléchit　45) obtiennent　46) couvrons　47) obéit
48) arrêtes

9. 1) Tu regardes bien à droite et à gauche quand tu traverses le boulevard.
2) Qu'est-ce que vous offrez à votre femme comme cadeau de Noël ?
3) Je réussis un gâteau au chocolat.
4) Nous partons mais nous ne vous oublions pas.
5) Je prépare bien mes examens. – C'est pour ça que vous réussissez
tous!

3 直説法現在

不規則動詞 *aller, faire, dire*

être や *avoir* と同様、活用は非常に不規則であるが、使用頻度の高い動詞。それぞれの活用の特徴をとらえ、早目にマスターしよう。

aller

aller 行く	
je vais	nous allons
tu vas	vous allez
il / elle va	ils / elles vont

語尾の形は *avoir* の活用に似ている。3 人称複数で他の動詞は -ent で終わるが、*être, avoir, aller, faire* のみは -ont で終わる。

1. aller + 場所 : ～に行く

Je **vais** en France.　私はフランスに行く。

Il **va** à Tokyo en avion.　彼は飛行機で東京に行く。

Tu **vas** chez le dentiste ?　歯医者さんに行くの?

Ils **vont** dans les bois pour chercher des champignons.

彼らはキノコを探しに森に行く。

2. aller + 不定詞

A. 近接未来（これからすること、これから起こることを表現する）

Je **vais** accompager mon père à la gare.　父を駅まで送るつもりだ。

Le bus **va** arriver dans un instant.　バスはまもなく到着する。

Qu'est-ce que tu **vas** faire ?　何をするつもりなんだ?

B. ～しに行く

Il **va** chercher sa femme à l'aéroport.　彼は飛行場に妻を迎えに行く。

Je **vais** au stade voir un match de football.

私はサッカーの試合を見に競技場に行く。

A.、B. どちらにも解釈可能な文もある。

Nous **allons** faire des courses au supermaché.

A. 私たちはスーパーで買い物をするつもりだ。

B. 私たちはスーパーに買い物をしに行く。

この場合、どちらの意味になるかは、前後の文脈で判断できることもある。

3. 慣用表現など

Comment **va** votre grand-père ？ － Il **va** très bien, merci.
お祖父様はいかがお過ごしですか？　 － お陰様で、とても元気にしております。
Comment **vont** vos recherches ？ － Tout **va** bien.
　　　　　　　　　　　　　　　　研究の調子はどうですか？　 － すべて順調です。
Cette écharpe **va** bien à ma mère.　このスカーフ、母によく似合っています。
Le temps **va** trop vite ！　時間が速く進みすぎる！

faire

faire　する、つくる	
je fais	nous faisons
tu fais	vous faites
il / elle fait	ils / elles font

　2 人称複数で他の動詞は -ez で終わるが、être, faire, dire のみは -es で終わる。3 人称複数が -ont で終わるので注意が必要。

1. *faire* + 直接目的語：〜をする、つくる

Il **fait** un bon travail.　彼はいい仕事してますね。
Ils **font** souvent une erreur de jugement.　彼らはしばしば判断ミスをする。
Tu **fais** toujours le contraire, c'est incroyable ！
　　　　　　　　　　　　　　　　　いつも逆のことするね。信じられない！
Nous mettons les couverts pendent que ma mère **fait** la cuisine.
　　　　　　　　　　　　　　　母が料理をしている間、私たちは食卓の準備をする。
Je **fais** une maquette de maison.　私は家の模型を制作している。
Les parlementaires **font** la loi.　国会議員は法律を作る。
La plupart des oiseaux **font** leur nid au printemps.　鳥の多くは春に巣を作る。
Ce ventilateur **fait** un bruit bizzare.　この扇風機変な音がする。

◎ *faire* + 部分冠詞 + 名詞　（職業・スポーツ・芸術活動などを）する
Marie **fait** de l'enseignement en ligne.　マリーはオンラインでの教育に携わっている。
Nous **faisons** du jogging dans le parc.　私たちは公園でジョギングをする。
Vous **faites** du théâtre ？　演劇の仕事をなさっていますか？

2. *faire* + 不定詞（ + 間接目的語）　使役の表現：(…に）〜させる

Je **fais** travailler mon cerveau pour trouver la meilleure solution.
　　　　　　　　　　　　　私は最善の解決策を見つけるために頭を働かせる。
Il **fait** réciter un poème de Rimbaud à ses élèves.
　　　　　　　　　　　　　　彼は生徒たちにランボーの詩を朗読させる。
Cela me **fait** rire.　それに私は笑わせられる。

3. 慣用表現など

Comme il **fait** beau [mauvais] !
　　　　　　　なんて天気がいい［悪い］んだろう！（非人称表現）
Quatre et six **font** dix.　4たす6は10。
Ça **fait** combien ?　- Seize euro.　合計いくらになりますか？　- 16ユーロです。
Cette histoire **fait** plaisir à tout le monde.　その話はみんなを喜ばせる。
Son discours **fait** peur au peuple.　彼の演説は民衆に恐怖を与える。
Vous nous **faites** part de votre avis et nous allons y répondre.
　　　　　　ご意見をお知らせくだされば、私たちはそれにお答えします。
Mon genou me **fait** toujours mal.　私は膝がずっと痛い。
Ils ne **font** que bavarder toute la journée.
　　　　　　　　　彼らは一日中しゃべってばかりいる。

dire

dire 言う	
je dis	nous disons
tu dis	vous dites
il / elle dit	ils / elles disent

1. dire + 直接目的語　〜を言う、述べる

Elle **dit** la vérité.　彼女は本当のことを言う。
Tu **dis** toujours des bêtises.　君はいつも馬鹿なことを言っているね。
Je **dis** à mon ami ce que je pense de ce film.
　　　　　　　　　私は友達にその映画についての意見を言う。
Qu'est-ce que vous **dites** ?　何を仰っているのですか？

2. dire que + 節　〜と言う

Tout le monde **dit** qu'il est coupable.　皆は彼が有罪だと言っている。
Je **dis** à Paul que je pars à dix heures.　私は10時に出発するとポールに言う。
Le professeur nous **dit** qu'il quitte l'école.
　　　　　　　　　先生は学校を辞めると私たちに言う。
La loi **dit** que les masques sont obligatoires dans les espaces publics fermés.
　　　　　　密閉された公共空間でのマスクの着用が法令で義務付けられている。
Vous **dites** que nous sommes vos esclaves ?
　　　　　　　　我々はあなたの奴隷だと仰るのですか？

3. *dire de* + 不定詞　〜するように言う

Je **dit** à mon fils de venir tout de suite.　私は息子にすぐに来るように言う。

Mon père me **dit** de rester à la maison aujourd'hui.

父は私に今日は家にいろと言う。

Nous lui **disons** d'attendre un instant.

彼にちょっと待つよう伝えましょう。

4. 慣用表現など

On **dit** que cet appareil est facile à manipuler.

この装置は操作が簡単だそうだ。

Cela me **dit** quelque chose.　それには何か思い当たることがある。

Qui **dit** vacances, **dit** dépenses !　休暇といえば、出費だ！

C'est, comme on **dit**, une lutte sans fin.　これはいわば終わりなき戦いだ。

Paul **dit** souvent du mal de ses collègues.　ポールはよく同僚の悪口を言う。

直接話法と間接話法

Il me dit : «Tu es belle.»　「君はきれいだ」と彼は私に言う。
のように他者の発話をそのまま伝える表現法が直接話法。これを
間接話法（自分の視点から捉え直して伝える表現法）で表現すると、

Il me dit que je suis belle.　私はきれいだと彼は私に言う。
となる。

---

1. 直説法現在の活用表を完成させましょう。

	aller	faire	dire
je		fais	
tu	vas		
il / elle			dit
nous			
vous			
ils / elles			

2. _____ に aller の直説法現在を、【 】に適切な語を下から選んで入れましょう。

1) Je _____ [   ] Canada pour apprendre l'anglais ainsi que le français.

2) Il _____ [   ] États-Unis pour étudier la médecine.

3) Ma fille a 7 ans. Depuis ce printemps, elle _____ [   ] école.

4) Est-ce que Ken et Takuya _____ [   ] Europe pour leur voyage de fin d'études ?

5) Ce soir, Mayumi et Yui _____ [   ] leur amie pour dîner ensemble.

6) Nous _____ [   ] Kanazawa.

> à   à l'   au   aux   chez   en

3. aller を直説法現在に活用させて文を完成させましょう。

1) Est-ce que tu _____ chez le dentiste pendant les vacances d'été ?
   夏休みの間に歯医者さんに行くの？

2) _____ -vous à Kyoto pour faire un voyage de deux jours ?
   あなたたちは、1泊2日で京都に行くのですか？

3) Je _____ à la fac en vélo.
   私は自転車で大学に行ってるよ。

4) Ma femme attend un enfant, et nous _____ être parents dans 3 mois.
   僕の妻のおなかには子どもがいて、3か月後僕たちは親になるのだ。

5) Je _____ commencer ma nouvelle vie à partir du mois prochain.
   僕は来月から新生活を始めるのだ。

6) Est-ce que tu _____ voir souvent un film dans cette petite salle de cinéma ?
   あの小さな映画館によく映画を見に行くの？

7) Cette cravate bleue _____ bien à mon beau-frère.
この青いネクタイは義理の兄によく似あう。

8) Le dernier livre de cet écrivain ne me _____ pas du tout.
この作家の最新作は、私の好みにまったく合わない。

9) Chaque jour, les écoliers _____ jouer au football sur le terrain après l'école.
毎日、小学生たちは放課後グラウンドにサッカーをしに行く。

10) Elle marche vite parce qu'elle _____ à grands pas.
彼女は歩くのが速い、なぜなら大股で歩くから。

11) Elles _____ bientôt partir pour la Chine.
彼女たちはもうすぐ中国へと発つ。

12) Je _____ chercher ma grand-mère à l'aéroport.
私はおばあちゃんを空港まで迎えに行く。

4. *faire* を直説法現在に活用させて文を完成させましょう。

1) Ma mère _____ un gâteau pour mon anniversaire.
母は私の誕生日にケーキを作る。

2) _____ -vous la cuisine ?
お料理はなさいますか？

3) Ce moteur _____ beaucoup de bruit.
このエンジンはすごくうるさい。

4) Est-ce que tu _____ du sport ?
君はスポーツをしますか？

5) Oui, je _____ du tennis depuis mon enfance.
はい、僕は子どものころからテニスをします。

6) Nous _____ manger notre chien à six heures précises tous les soirs.
私たちは毎夕6時ちょうどに飼っている犬に餌をやる。

7) Aïe ! Plus doucement ! Tu me _____ mal !
いたっ！ もっとそっとしてよ！ 痛いよ！

8) La technologie des robots _____ des progrès remarquables.
ロボット工学は目覚ましい進歩を遂げる。

9) Je ne _____ plus confiance à mon supérieur.
私はもう上司を信頼できません。

10) Comme tu _____ partie de notre équipe, tu dois avoir plus de confiance en nous.
君は我々のチームの一員なんだから、我々のことをもっと信頼しなくてはいけないよ。

11) Maiko et Atsushi _____ part de leur mariage à leurs collègues.
マイコとアツシは、自分たちの結婚を同僚たちに知らせる。

12) Cet écrivain _____ un nouveau roman tous les trois mois.
この作家は3か月に1冊新作の小説を書く。

5. **dire** を直説法現在に活用させて文を完成させましょう。

1) Lorsqu'il s'agit de son travail, il _____ clairement le fond de sa pensée.
仕事のこととなると、彼ははっきりと本音を言う。

2) Elle _____ des mots doux à son petit ami.
彼女は恋人に甘い言葉をささやく。

3) Nous ne _____ rien de négatif à nos collègues à propos de ce projet.
この企画に関して、同僚たちにネガティブなことを決して言わないでおこう。

4) Comme on le _____ souvent après la pluie, le beau temps.
よく言うように、雨のあとには太陽が出る。

5) Vous lui _____ de passer a mon bureau.
彼に私の研究室に来るよう言ってください。

6) Il _____ du mal de son professeur. Il a eu une mauvaise note.
彼は先生の悪口を言う。成績が悪かったのだ。

7) On _____ que le président est à l'hôpital.
議長が入院したそうだ。

8) Les voyantes _____ l'avenir.
その女占い師たちは未来を予言します。

9) Je te _____ que je suis fatigué.
疲れたって言っているでしょう。

10) C'est dur pour toi, peut-être, mais je te _____ la vérité.
あなたにはつらいことかもしれませんが、私は真実を言っている。

11) Nous _____ tout ce que nous savons pour la résolution rapide de l'affaire.
事件の早期解決のため、私たちが知っていることは全部言いましょう。

12) Mes parents me _____ de rentrer tôt à la maison.
両親は私に家に早く帰ってきなさいと言う。

6. 語を並べ替えて文を完成させましょう。その際、下線の動詞は直説法現在にしましょう。

1) 明日おうちに伺いますって、お母さんに伝えてね。

dire / à / chez vous / demain / je serai / que / ta mère / tu

2) 私に全部本当のことを話してください。

dire / la vérite / me / toute / vous

3) 両親は私に伝記をたくさん読ませる。

faire / beaucoup de / biographies / lire / me / mes parents

4) その教師は学生全員に口頭発表をさせる。

faire / à / le professeur / présenter / ses étudiants / tous / un exposé oral

5) この事件について、あなたはどう思いますか？

dire / affaire / cette / de / que / vous / - / ?

6) マミはクラスメートたちにさようならを言います。

dire / à / au revoir / Mami / ses camarades

7) 悲しみのあまり彼女は泣いてしまう。

faire / la / sa grande tristesse / pleurer

7. *aller, faire, dire* の直説法現在形を空欄に入れて、質問と答えの文を完成させましょう。

1) Qu'est-ce qu'il fait dans la vie, ton oncle ?

　　− Il ＿＿＿＿＿ du commerce en ligne depuis dix ans.

2) Comment ＿＿＿＿＿ -vous ？ − Je vais bien, merci.

3) Où peut-on faire des courses pour préparer un grand repas ?

　　− Nous ＿＿＿＿＿ au centre commercial le plus proche d'ici.

4) Maman, j'ai faim. − Attends, je ＿＿＿＿＿ à manger tout de suite.

8. *aller, faire, dire* いずれかの直説法現在に活用させて文を完成させましょう。

1) Qu'est-ce que vous ＿＿＿＿＿ faire après avoir quitté cette entreprise ?
この会社を辞めてからどうなさるおつもりですか？

2) Je ＿＿＿＿＿ retourner à la campagne et devenir agriculteur.
田舎に帰って農業をします。

3) Mes parents te ＿＿＿＿＿ bonjour.
うちの両親が君によろしくって言っているよ。

4) Tu ＿＿＿＿＿ attention à la marche !
段差に気を付けて！

5) Qu'est-ce que tu _____ ? Je ne t'entends pas.
何て言ったの？　聞こえないよ。

6) Ils _____ se promener pendant leur temps libre.
彼らは空いた時間に散歩に行く。

7) Tout _____ bien !
万事うまくいっているよ！

8) Nous déjeunerons ensemble demain. Ça vous _____ ?
明日一緒にお昼ご飯を食べましょう。いかがですか？

9) Je _____ ma valise une semaine avant le voyage.
私は旅行の1週間前に荷物を作ります。

10) Les vêtements à rayures _____ bien à Wally.
しましまの服がウォーリーにはよく似合う。

11) Ils _____ souvent des mensonges.
彼らはよく嘘をつきます。

12) Si vous voulez, vous nous _____ part de vos opinions.
よろしければ、我々にあなたのご意見をお聞かせください。

13) Je _____ à ma petite sœur de se laver les mains avant de manger.
私は妹に食事の前には手を洗いなさいと言う。

14) Namahage _____ peur aux enfants au point de les faire pleurer.
なまはげは子どもが泣くまで怖がらせる。

15) Ils _____ des courses pour organiser un barbecue.
彼らはバーベキューの買い出しをする。

16) Comment _____ -on « crayon » en japonais ?
crayon は日本語で何と言いますか？

17) Yuuta et Sakura _____ le ménage en se partageant les tâches.
ユウタとサクラは分担して家事をする。

18) Qui _____ anniversaire dit gâteau !
誕生日と言えば、ケーキでしょ！

19) Il _____ des économies depuis un an pour acheter une bague de diamant à sa fiancée.
婚約者にダイヤの指輪を買うために、彼は1年前からお金をためている。

20) Le gouvernement _____ une nouvelle proposition de loi.
政府は新しい法案を作る。

21) On se voit à 17 heures devant le restaurant. Ça te _____ ?
17時にレストランの前で会いましょう。それで大丈夫？

40

22) Il _____ cadeau à sa copine.
彼は恋人にプレゼントを贈る。

23) Tes nouvelles nous _____ toujours plaisir.
君から便りをもらうと、私たちいつでもうれしいのよ。

24) Ils _____ de leur mieux pour résoudre ce problème.
彼らはこの問題を解決するために最善を尽くす。

25) Elles _____ du bien de leurs collègues.
彼女たちは同僚のことを褒めます。

26) Ce médecin _____ à sa patiente qu'elle a un problème médical.
その医者は患者に、彼女の病状を話す。

27) Tous les jours à midi, il ____ manger du curry dans le bistrot devant la gare.
毎日お昼には、彼は駅前のビストロにカレーを食べに行く。

28) Cette route ____ jusqu'à Rome.
この道はローマに通じている。

29) Nous _____ ce que nous pensons de la répartition des rôles.
役割分担について、私たちも意見を言いましょう。

30) Mon père et moi, nous _____ pêcher au lac Biwa chaque weekend.
父と私は毎週末に琵琶湖に釣りに行く。

9. 空欄を埋めて文を完成させましょう。

1) あの新しい髪形、彼に似合っているね！
Cette _____ coiffure _____ _____ _____ !

2) 毎日大学にどうやって行ってるの？
_____ _____ - ____ __ _____ chaque jour ?

3) 私は彼氏に髪を切ってもらう。
____ _____ _____ mes cheveux ____ mon petit ami.

4) 僕と友達二人とで、音楽をやっています。
Mes _____ _____ et moi _____ ___ ___ musique.

5) 弟にひどいこと言わないの！
____ ____ _____ _____ _____ choses méchantes ____ ton frère !

練 習 問 題 解 答

1.

	aller	faire	dire
je	vais	fais	dis
tu	vas	fais	dis
il / elle	va	fait	dit
nous	allons	faisons	disons
vous	allez	faites	dites
ils / elles	vont	font	disent

2. 1) vais / au   2) va / aux   3) va / à l'   4) vont / en   5) vont / chez
6) allons / à

［和訳］1）私はカナダに行って英語もフランス語も勉強する。　2）彼は医学の勉強をしにアメリカに行く。　3）私の娘は7歳です。今年の春から小学校に通っています。　4）ケンとタクヤは卒業旅行にヨーロッパに行くのかい？　5）今夜マユミとユイは女友達の家に行って一緒に晩御飯を食べます。　6）私たちは金沢に行きます。

3. 1) vas   2) Allez   3) vais   4) allons   5) vais   6) vas   7) va   8) va
9) vont   10) va   11) vont   12) vais

4. 1) fait   2) Faites   3) fait   4) fais   5) fais   6) faisons   7) fais   8) fait
9) fais   10) fais   11) font   12) fait

5. 1) dit   2) dit   3) disons   4) dit   5) dites   6) dit   7) dit   8) disent
9) dis   10) dis   11) disons   12) disent

6. 1) Tu <u>dis</u> à ta mère que je serai chez vous demain.
2) Vous me <u>dites</u> toute la vérite.
3) Mes parents me <u>font</u> lire beaucoup de biographies.
4) Le professeur <u>fait</u> présenter un exposé oral à tous ses étudiants.
5) Que <u>dites</u>-vous de cette affaire ?
6) Mami <u>dit</u> au revoir à ses camarades.
7) Sa grande tristesse la <u>fait</u> pleurer.

7. 1) fait　2) allez　3) allons　4) fais

［和訳］1）君のおじさん、何をやっている人？　－10年前からネットで商売をしているよ。　2）お元気ですか？　－元気です。　3）ごちそうの準備のための買い物って、どこでできますか？　－ここから一番近いショッピングセンターに行きましょう。　4）ママ、お腹すいた。　－待っててね、すぐに食べるものこしらえるから。

8. 1) allez　2) vais　3) disent　4) fais　5) dis　6) vont　7) va　8) dit
9) fais　10) vont　11) disent　12) faites　13) dis　14) fait　15) font
16) dit　17) font　18) dit　19) fait　20) fait　21) va　22) fait
23) font　24) font　25) disent　26) dit　27) va　28) va　29) disons
30) allons

9. 1) Cette <u>nouvelle</u> coiffure <u>lui</u> <u>va</u> <u>bien</u> !
2) <u>Comment</u> <u>vas-tu</u> <u>à</u> <u>l'université</u> chaque jour ?
3) <u>Je</u> <u>fais</u> <u>couper</u> mes cheveux <u>à</u> mon petit ami.
4) Mes <u>deux</u> <u>amis</u> et moi <u>faisons</u> <u>de</u> <u>la</u> musique.
5) <u>Tu</u> <u>ne</u> <u>dis</u> <u>pas</u> <u>de</u> choses méchantes <u>à</u> ton frère !

直説法現在

4 不規則動詞 oir 動詞／re 動詞

基本の語尾の形

いくつかの例外を除き、語尾は次のようになる。

-oir/-re	
je **-s**	nous **-ons**
tu **-s**	vous **-ez**
il / elle **-t**	ils / elles **-ent**

oir 動詞

vouloir, pouvoir の単数1・2人称の活用形の語尾は -s ではなく -x。単数形の活用で語幹末子音が脱落する（voir を除く）。また、複数1・2人称の活用形で不定詞の語幹が保持されるが（voir は i が y になる）、それ以外の人称の活用形では語幹の母音の変化に注意。

vouloir 望む	
je veux	nous voulons
tu veux	vous voulez
il / elle veut	ils / elles veulent

pouvoir ～することができる	
je peux	nous pouvons
tu peux	vous pouvez
il / elle peut	ils / elles peuvent

devoir ～しなければならない	
je dois	nous devons
tu dois	vous devez
il / elle doit	ils / elles doivent

recevoir ～受け取る	
je reçois	nous recevons
tu reçois	vous recevez
il / elle reçoit	ils / elles reçoivent

（apercevoir, concevoir など）

savoir 知っている	
je sais	nous savons
tu sais	vous savez
il / elle sait	ils / elles savent

voir ～を見る	
je vois	nous voyons
tu vois	vous voyez
il / elle voit	ils / elles voient

Je ne **veux** pas travailler le week-end.　週末は仕事したくないなあ。
Cela **peut** être vrai.　それは本当かも知れない。
Vous **savez** nager ? － Oui, je **sais** nager, mais je ne **peux** pas nager aujourd'hui, parce que j'ai un rhume.
　　　水泳はできますか？　－ 泳げますが、今日は泳げません。風邪をひいているので。

Nous **devons** respecter les règles de l'école.

私たちは校則を守らなければならない。

Ça **doit** être utile. これは役に立つにちがいない。

Ils **reçoivent** leurs amis chez eux tous les samedis.

毎週土曜日に彼らは友人を自宅に招く。

Qu'est-ce que c'est ? − Je ne **sais** pas. これは何ですか？ − 知りません。

Si tu regardes bien, tu **vois** des taches sur le mur.

よく見れば、壁にしみが見えるよ。

asseoir 座らせる			
j' assieds	nous asseyons	j' assois	nous assoyons
tu assieds	vous asseyez	tu assois	vous assoyez
il / elle assied	ils / elles asseyent	il / elle assoit	ils / elles assoient

valoir 価値がある	
je vaux	nous valons
tu vaux	vous valez
il / elle vaut	ils / elles valent

Nous **asseyons** notre grand-père dans son fauteuil roulant.

私たちは祖父を車椅子に座らせる。

Cela **vaut** la peine d'essayer. それは試すだけの価値がある。

re 動詞

語幹末子音が d, t のときは、3 人称単数で語尾 t をつけない。語幹は動詞ごとに変化が異なる。connaître や plaire / déplaire の場合は t の直前の i は î となる。

rendre 返す	
je rends	nous rendons
tu rends	vous rendez
il / elle rend	ils / elles rendent

(perdre, dépendre, descendre, entendre, répondre, vendre など)

prendre 手に取る	
je prends	nous prenons
tu prends	vous prenez
il / elle prend	ils / elles prennent

(apprendre, reprendre, comprendre など)

mettre 置く	
je mets	nous mettons
tu mets	vous mettez
il / elle met	ils / elles mettent

(battre, permettre, promettre, remettre など)

connaître 知っている	
je connais	nous connaissons
tu connais	vous connaissez
il / elle connaît	ils / elles connaissent

(disparaître, naître, paraître など)

écrire 書く	
j' écris	nous écrivons
tu écris	vous écrivez
il / elle écrit	ils / elles écrivent

(décrire, inscrire など)

lire 読む	
je lis	nous lisons
tu lis	vous lisez
il / elle lit	ils / elles lisent

(conduire, construire, cuire, détruire, produire など)、plaire / déplaire(3 人称単数で -plaît), suffire は同じ活用。

rire 笑う	
je ris	nous rions
tu ris	vous riez
il / elle rit	ils / elles rient

(sourire)

vivre 生きる	
je vis	nous vivons
tu vis	vous vivez
il / elle vit	ils / elles vivent

(suivre)

boire 飲む	
je bois	nous buvons
tu bois	vous buvez
il / elle boit	ils / elles boivent

croire 信じる	
je crois	nous croyons
tu crois	vous croyez
il / elle croit	ils / elles croient

Tu **rends** ce CD à Paul tout de suite ?　君はこの CD をポールにすぐに返すの？
Il **prend** un stylo et **écrit** son nom.　彼はペンを取り、名前を書く。
Nous **prenons** le petit déjeuner à six heures.　私たちは6時に朝食をとる。
Mettez-vous du sucre dans votre café ou thé ?

コーヒーや紅茶に砂糖を入れますか？
Je ne **connais** Monsieur Yamada que de nom.

山田氏のことは名前しか知らない。
Ils **lisent** le journal et **apprennent** beaucoup de choses.

彼らは新聞を読み多くのことを学ぶ。
Quand il **apparaît**, on **rit** aux éclats.　彼が現れると人々はどっと笑う。
Je **vis** tout seul à la campagne.　私は田舎で一人暮らしをしている。
Nous **buvons** de la bierre avant de manger.　我々は食事の前にビールを飲む。
Vous **croyez** ses paroles.　あなたは彼の言葉を信じている。

1. 次の動詞の直説法現在の活用表を埋めましょう。

	attendre	valoir	comprendre	promettre	vivre
je (j')					
tu					
il / elle					
nous					
vous					
ils / elles					

2. 次の直説法現在の動詞の不定詞を書きましょう。

1) reçoivent 受け取る ＿＿＿＿＿＿

2) dépend ～次第である ＿＿＿＿＿＿

3) entendons 聞く ＿＿＿＿＿＿

4) perd 失う ＿＿＿＿＿＿

5) apprends 学ぶ ＿＿＿＿＿＿

6) permet 許す ＿＿＿＿＿＿

7) conduis 運転する ＿＿＿＿＿＿

8) détruit 壊す ＿＿＿＿＿＿

9) crois 思う／信じる ＿＿＿＿＿＿

10) vit 生きる ＿＿＿＿＿＿

11) suffisent 足りる ＿＿＿＿＿＿

12) disparaissent 消える ＿＿＿＿＿＿

13) construis 構成する ＿＿＿＿＿＿

14) vend 売る ＿＿＿＿＿＿

15) rendez 返す ＿＿＿＿＿＿

16) inscrivent 記入する ＿＿＿＿＿＿

17) paraissons 現れる ＿＿＿＿＿＿

18) produisons 生産する ＿＿＿＿＿＿

3. 空欄に **devoir, vouloir, pouvoir** の直説法現在を入れて文を完成させましょう。

1) Nous ＿＿＿＿＿＿ lire le dernier livre de cet auteur.
   私たちはその作家の最新作が読みたい。

2) Est-ce que je ＿＿＿＿＿＿ m'asseoir ici ?
   ここに座ってもいいかしら？

3) Nous ＿＿＿＿＿＿ réserver une table pour dîner dans ce restaurant.
   あのレストランで夕食をとるには予約しなくてはなりません。

4) Ce monsieur qui passe là ＿＿＿＿＿＿ être le père de Nicolas.
   あそこを歩いている紳士は、ニコラのお父さんに違いない。

5) Mathilde ne ＿＿＿＿＿＿ pas aller à l'école.
   マチルドは学校に行きたくありません。

6) Elles ＿＿＿＿＿＿ que je fasse un discours.
   彼女たちは私にスピーチをさせたがる。

7) Elle _____ y aller toute seule.
   彼女はそこに一人で行けるよ。

8) Tu ne _____ jamais faire exprès de blesser les autres.
   けっして故意に人を傷つけてはいけません。

9) Ils _____ se dépêcher pour prendre le dernier train.
   彼らは終電に乗るには急がなくてはならない。

10) Nous ne _____ pas ne pas céder à vos exigences.
    あなたの要求をのまざるをえない。

11) Il ne m'en _____ pas.
    彼は僕のことを悪く思っていない。

12) Ses anciens employés _____ avoir de la rancune contre lui.
    彼の元従業員たちが彼を恨んでいてもおかしくない。

13) Je _____ renoncer à ce projet.
    私はこの計画を諦めねばならない。

14) Vous ne _____ pas sortir avant de faire vos devoirs.
    宿題を終えるまで、あなたたちは外出できません。

15) Encore un peu de vin ? – Oui, je _____ bien.
    ワインをもう少しいかがですか？　―いただきます。

16) Qu'est-ce que vous _____ dire ?
    何をおっしゃりたいのかしら？

4. ( )のなかの動詞を直説法現在に活用させましょう。

1) Tu (devoir) _____ obéir à tes parents.
   お父さんとお母さんの言うことを聞きなさい。

2) (pouvoir) _____ -tu m'aider ?
   ちょっと手伝ってくれない？

3) Nous (recevoir) _____ un conseil de la part de notre patron.
   私たちは社長から助言をいただく。

4) Tu (savoir) _____ nager ?
   君、泳げる？

5) (savoir) _____ -vous que Catherine s'est mariée le mois dernier ?
   カトリーヌが先月結婚したということをご存じですか？

6) On dit que ce vieux pot (valoir) _____ un million de yens.
   この古い壺に 100 万円の価値があるそうだ。

7) Tu (voir) _____ ce que je veux dire ?
   私の言いたいことが分かるか？

8) Je (revoir) _____ le manuscrit de mon livre.
   私は自分の著書の原稿を見直す。

9) Nous (asseoir) _____ une maison sur un terrain solide.
   しっかりした地盤の上に家を建てよう。

10) Elles (apercevoir) _____ maintenant la difficulté de ce problème.
    彼女たちは今、問題の難しさを実感している。

11) Il (vouloir) _____ que je sache la vérité.
    彼は私に真実を知ってほしがっている。

12) Les pompiers (devoir) _____ arriver tout de suite.
    消防士さんたちがすぐに来てくださるはずだ。

13) Ce stylo (pouvoir) _____ encore servir.
    このペンはまだ使える。

14) Elle (revoir) _____ ses amis après dix ans.
    彼女は友人たちに 10 年ぶりに再会する。

15) Henri (voir) _____ sa femme marcher avec un homme qu'il ne connaît pas.
    アンリは妻が自分の知らない男と歩いているのを目にする。

16) Béatrice (recevoir) _____ ses collègues chez elle une fois par an.
    ベアトリスは 1 年に一度同僚を自宅に招く。

5. （ ）のなかの動詞を直説法現在に活用させましょう。

1) Je (mettre) _____ mon sac à main sur la table.
   私はハンドバッグをテーブルの上に置く。

2) J'(attendre) _____ avec plaisir ta lettre.
   君の手紙を楽しみにしています。

3) Après avoir regardé un film d'horreur très effrayant, nous (perdre) _____ notre appétit.
   とても怖いホラー映画を見た後で、私たちは食欲を無くす。

4) Elle (mettre) _____ une rondelle de citron dans son thé.
   彼女は紅茶にレモンの輪切りを入れる。

5) Ce magasin (vendre) _____ toutes sortes de choses.
   この店には何でも売っている。

6) Je (prendre) _____ du cidre comme boisson.
   私は飲み物にシードルをもらいます。

7) Pour faire une omelette légère, il (battre) _____ des œufs en neige.
   ふわふわのオムレツをつくるため、彼は卵をよくかき混ぜます。

8) Nous (promettre) _____ notre amour éternel.
永遠の愛を誓おう。

9) Les spectateurs (rire) _____ aux éclats.
観客たちがどっと笑う。

10) Mon grand-père (conduire) _____ parfois un grand tracteur. C'est cool !
僕のおじいちゃんは時々大きなトラクターを運転する。すごくかっこいいんだ！

11) Je (cuire) _____ de la viande à feu vif.
私は肉を強火で焼く。

12) Elle ne (connaître) _____ personne ici.
彼女はここにいる誰とも面識がない。

13) Vous ne (paraître) _____ pas votre âge.
あなたはそんな年に見えない。

14) (écrire) _____ -vous à vos parents de temps en temps ?
あなたはご両親に時々手紙を書きますか？

15) Mon fils de deux ans (mettre) _____ ses chaussettes tout seul.
２歳の息子は自分で靴下をはく。

16) J'(entendre) _____ dire qu'un nouveau café a ouvert dans ce quartier.
この界隈に新しいカフェがオープンしたそうだ。

17) Les cèdres de Yakushima (vivre) _____ pendant des milliers d'années.
屋久島のスギは何千年も生きる。

18) Nous (lire) _____ des poèmes à haute voix à tour de rôle.
交代で詩を朗読していこうよ。

6. 日本語の意味になるように空欄を埋めましょう。

1) Je _____ au rez-de-chaussée par l'escalier.
私は１階まで階段で降りる。

2) Tu _____ les aliments crus dans le frigo tout de suite.
生ものをすぐに冷蔵庫にしまってちょうだい。

3) Qui _____ -tu ici ?
ここで誰を待っているの？

4) Vous _____ cette croix verte ? C'est la pharmacie.
あの緑十字が見えますか？それが薬局です。

5) Nous _____ du thé à trois heures de l'après-midi.
私たちは午後３時にお茶を飲む。

6) On ne _____ pas nager aujourd'hui, parce que la mer est agitée.
今日は波が高いから泳げない。

7) Ma voix _____ dans le bruit d'un vent fort.
私の声が強風の音にかき消される。

8) Je _____ qu'il vient ce soir.
私は、彼は今夜来ると思う。

9) Vous _____ vos affaires là.
お荷物はあちらへ置いてください。

10) La réussite de ce projet _____ de vous.
このプロジェクトの成功はあなたにかかっている。

11) Elles _____ un joli tableau à l'entrée lors de l'ouverture de leur nouvelle boutique.
彼女たちは自分たちのお店の新装開店のときに美しい絵を入口に飾る。

12) Perdre un compagnon prématurément, ça _____ être très dur.
早くに伴侶を亡くすこと、それは大変つらいことにちがいない。

13) Elle _____ son frère pleurer.
彼女は弟が泣いているのを耳にする。

14) Ce professeur est si sévère qu'il _____ souvent ses élèves au piquet.
あの先生は大変厳しくてよく生徒を立たせる。

15) Vous _____ à ma question.
私の質問に答えてください。

16) _____ -tu quelque chose ?
何か習い事をしていますか？

17) Ce système _____ aux gens de suivre la procédure facilement.
このシステムのおかげで人々は簡単に手続きができます。

18) Nous sourions quand nous _____ .
苦しいときには、ほほ笑みをうかべよう。

19) Actuellement on _____ une nouvelle route dans cette région.
現在この地域では新しい道路が建設されている。

20) Vous _____ une émission très intéressante.
あなたは大変面白い番組を制作しておられますね。

21) Dix bouteilles de vin ne leur _____ pas.
ワイン 10 本では、彼らには足りない。

22) Aurélie _____ des livres à son camarade.
オーレリーはクラスメイトに本を返す。

23) Vas-tu à cette soirée dansante ? – Ça _____ .
   このダンスパーティーに行く？　－状況による。

24) J'_____ mon enfant sur mes genoux.
   私は子どもを膝の上に座らせる。

25) Audrey _____ bien la cuisine vietnamienne.
   オドレイはヴェトナム料理についてよく知っている。

26) La drogue vous _____ complètement.
   ドラッグはあなたの健康を完全に損ないます。

27) Elles _____ en leurs amis.
   彼女は友人たちを信じている。

28) Nous _____ le guide touristique.
   ガイドさんに付いていきましょう。

29) Elles _____ leurs manteaux parce qu'il fait très froid dehors.
   外はとても寒いので彼女たちは再びコートを着る。

30) Nous ne vous _____ pas de stationner ici.
   私たちは、ここに駐車することを許可していません。

31) Vous nous _____ toujours très heureux.
   あなたたちは私たちをいつも大変幸せな気持ちにしてくれます。

32) Le secrétaire de séance _____ d'abord la date sur le rapport.
   議事録係はまずレポートに日付を書き込む。

7. 空欄を埋めて文を完成させましょう。

1) 彼のメールアドレスを私に教えてくれませんか？
   _____ - ___ m' _____ _____ _____ e-mail ?

2) 私は夫のコートにボタンをつける。
   ____ _____ ____ _____ ___ manteau de mon mari.

3) 私たちは先生がどういう人間かよくわかっている。
   _____ _____ bien notre _____ .

4) 私は現代アートはよく理解できない。
   _____ ___ _____ ___ _____ _____ contemporain.

練 習 問 題 解 答

1.

	attendre	valoir	comprendre	promettre	vivre
je (j')	attends	vaux	comprends	promets	vis
tu	attends	vaux	comprends	promets	vis
il / elle	attend	vaut	comprend	promet	vit
nous	attendons	valons	comprenons	promettons	vivons
vous	attendez	valez	comprenez	promettez	vivez
ils / elles	attendent	valent	comprennent	promettent	vivent

2. 1) recevoir 2) dépendre 3) entendre 4) perdre 5) apprendre
6) permettre 7) conduire 8) détruire 9) croire 10) vivre
11) suffire 12) disparaître 13) construire 14) vendre 15) rendre
16) inscrire 17) paraître 18) produire

3. 1) voulons 2) peux 3) devons 4) doit 5) veut 6) veulent
7) peut 8) dois 9) doivent 10) pouvons 11) veut 12) peuvent
13) dois 14) devez 15) veux 16) voulez

4. 1) dois 2) Peux 3) recevons 4) sais 5) Savez 6) vaut 7) vois
8) revois 9) asseyons / assoyons 10) aperçoivent 11) veut
12) doivent 13) peut 14) revoit 15) voit 16) reçoit

5. 1) mets 2) attends 3) perdons 4) met 5) vend 6) prends 7) bat
8) promettons 9) rient 10) conduit 11) cuis 12) connaît
13) paraissez 14) Écrivez 15) met 16) entends 17) vivent 18) lisons

6. 1) descends 2) mets 3) attends 4) voyez 5) prenons 6) peut
7) disparaît 8) crois 9) mettez 10) dépend 11) mettent 12) doit
13) entend 14) met 15) répondez 16) Apprends 17) permet
18) souffrons 19) construit 20) produisez 21) suffisent 22) rend
23) dépend 24) assois / assieds 25) connaît 26) détruit 27) croient
28) suivons 29) remettent 30) permettons 31) rendez 32) inscrit

7. 1) <u>Pouvez</u>-<u>vous</u> m'<u>indiquer</u> <u>son</u> <u>adresse</u> e-mail ?
2) <u>Je</u> <u>mets</u> <u>un</u> <u>bouton</u> <u>au</u> manteau de mon mari.
3) <u>Nous</u> <u>connaissons</u> bien notre <u>professeur</u>.
4) <u>Je</u> <u>ne</u> <u>comprends</u> <u>pas</u> <u>bien</u> <u>l'art</u> contemporain.

語尾は -*er* 動詞と同じだが、発音上の理由で語幹に変化がある動詞。

◎不定詞の語尾が **-cer, -ger**

commencer 始まる、始める		**manger** 食べる	
je commence	nous commen**ç**ons	je mange	nous man**ge**ons
tu commences	vous commencez	tu manges	vous mangez
il / elle commence	ils / elles commencent	il / elle mange	ils / elles mangent

annoncer（告げる）、remplacer（交代する） / changer（変わる、変える）、voyager（旅行する）

c, g は、あとに o が来ると発音が [k], [g] となる。nous のとき、つづりを -çons, -geons とすることで、[s], [ʒ] の音を保持する。

◎不定詞の語尾が **-e□er**（□は子音字）
単数と3人称複数で、語幹末母音の e が [ɛ] と発音されるようにつづり字を変える。

A. 子音重複タイプ　　　　**B. アクサン付加タイプ**

appeler 呼ぶ		**acheter** 買う	
j' appelle	nous appelons	j' achète	nous achetons
tu appelles	vous appelez	tu achètes	vous achetez
il / elle appelle	ils / elles appellent	il / elle achète	ils / elles achètent

A タイプ：jeter（捨てる）、rappeler（思い出す）
B タイプ：lever（上げる）、mener（連れて行く）、peser（重さがある）、promener（散歩させる）など

◎不定詞の語尾が **-é□er**（□は子音字）
単数と3人称複数で、語幹末母音の é が [ɛ] と発音されるようにつづり字を è にする。

espérer 期待する		**préférer** より好む	
j' espère	nous espérons	je préfère	nous préférons
tu espères	vous espérez	tu préfères	vous préférez
il / elle espère	ils / elles espèrent	il / elle préfère	ils / elles préfèrent

répéter（繰り返す）など

◎不定詞の語尾が **-ayer, oyer, uyer**
単数と3人称複数で、語幹末の y が i になる。

envoyer 送る		**payer** 支払う	
j' envoie	nous envoyons	je paie	nous payons
tu envoies	vous envoyez	tu paies	vous payez
il / elle envoie	ils / elles envoient	il / elle paie	ils / elles paient

appuyer（押す、支える）、employer（使う）、essayer（試す）など

1. 直説法現在の活用表を完成させましょう。

	voyager	*avancer*	*nettoyer*	*jeter*
je (j')				
tu				
il / elle				
nous				
vous				
ils / elles				

2. 次の直説法現在の動詞の不定詞を書きましょう。

1) arrangeons 整理する _____ 　　2) annonçons 告げる _____

3) dérange 散らかす _____ 　　4) appuyez 押す _____

5) nettoie 掃除する _____ 　　6) mène 連れて行く _____

7) élèves 育てる _____ 　　8) lancent 投げる _____

3. ( ) のなかの動詞を直説法現在に活用させましょう。

1) J'(arranger) _____ des documents nécessaires avant de commencer à rédiger un article.
私は論文を書く前に必要な資料を整理する。

2) À quelle heure (commencer) _____ -vous à travailler ?
あなたたちは何時に働きはじめますか？

3) Nous vous (déranger) _____ ?
私たち、お邪魔ですか？

4) Il (changer) _____ d'attitude en fonction de son interlocuteur. Je ne l'aime pas.
彼は話す相手 によって態度を変える。私は彼のことが好きではない。

5) Je t'enseigne l'anglais. Cela t'(avancer) _____ dans tes révisions.
私が君に英語を教えてあげよう。そうしたら君の復習も進むでしょ。

6) Nous (partager) _____ cet immense gâteau en parts égales entre nos invités.
私たちはこの巨大なケーキを招待客たちに公平に切り分ける。

7) Nous (nager) _____ dans la piscine tous les samedis.
私たちは毎週土曜日にプールで泳ぎます。

8) Rien ne (remplacer) _____ la santé.
健康は何にも代えられない。

9) Je ne (voyager) _____ nulle part cet été.
私はこの夏どこにも旅行に行かない。

10) Pour commémorer l'ouverture du musée, nous (lancer) _____ des ballons en l'air.
美術館の開館を記念して、私たちは風船を空に飛ばす。

4. **（ ）のなかの動詞を直説法現在に活用させましょう。**

1) J'(appeler) _____ ma grand-mère par son prénom.
私はおばあちゃんをファーストネームで呼ぶ。

2) Combien tu (peser) _____ ?
君の体重何キロ？

3) Dans un roman policier, la protaginiste (lever) _____ un marteau pour fracasser la tête de son mari.
推理小説の中で、主人公は夫の頭をたたき割るためハンマーを振りかざす。

4) Ce pianiste (promener) _____ ses doigts sur les touches de son instrument très rapidement.
このピアニストは、ピアノの鍵盤の上をとても速く指を滑らせる。

5) Il (jeter) _____ des cailloux sur l'étang pour faire des ricochets.
彼は池に石を投げて水切りする。

6) Nous (acheter) _____ plusieurs sortes de vin pour organiser une fête.
私たちはパーティーを開催するためにたくさんの種類のワインを買う。

7) En applaudissant bien fort, nous (rappeler) _____ les acteurs à la fin de la représentation.
大きな拍手を送って、私たちは公演の終わりに俳優たちを舞台に呼び戻す。

8) Vous (lever) _____ la main lorsque votre nom est appelé.
名前を呼ばれたら手を挙げてください。

5. **（ ）のなかの動詞を直説法現在に活用させましょう。**

1) Je (préférer) _____ le français à l'anglais.
私はフランス語の方が英語よりも好きです。

2) Je l'(essayer) _____ .
私がやってみましょう。

3) J'(espérer) _____ que vous allez bien.
お元気でお過ごしのことと思います。

4) Elle (appuyer) _____ l'échelle contre la bibliothèque pour prendre un livre placé tout en haut.
   彼女は書棚にはしごを立てかけて、高い場所にある本を取る。

5) Elle (employer) _____ son petit frère comme secrétaire.
   彼女は弟を秘書に雇っている。

6) Je vous (répéter) _____ les instructions encore une fois.
   もう一度指示を繰り返します。

7) Elle (envoyer) _____ un colis par avion.
   彼女は荷物を航空便で送る。

8) (nettoyer) _____ -vous les meubles lorsque vous faites le ménage à la fin d'année ?
   年末の掃除のときに家具をきれいにしますか？

6. **（ ）のなかの動詞を直説法現在に活用させましょう。**

1) J'(acheter) _____ une poupée russe très mignonne comme souvenir de Moscou.
   私はモスクワのお土産にとてもかわいいマトリョーシカを買う。

2) Nous (bouger) _____ ce meuble pendant la nuit.
   夜の間にこの家具を動かしてしまいましょう。

3) (Envoyer) _____ -vous votre fille à l'étranger ?
   娘さんを海外に留学させるのですか？

4) Shoko et Hiroshi (partager) _____ les joies et les peines de la vie.
   ショウコとヒロシは人生の喜びも苦しみも分かち合う。

5) Nous (remplacer) _____ ce directeur imcompétent.
   この無能な部長を更迭しましょう。

6) Vous (envoyer) _____ votre fils me chercher à la gare !
   あなたの息子さんを駅まで私を迎えによこしてくださいよ！

7) (Élever) _____ -tu ton enfant toute seule ?
   あなた、ひとりでその子育てるつもりなの？

8) Mon oncle m'(emmener) _____ au parc d'attractions.
   僕のおじさんは僕を遊園地に連れて行ってくれる。

9) La plupart des ministres des finances ne (relever) _____ pas les finances de l'État.
   たいていの財務大臣は、国家財政を立て直さない。

10) Vous (répéter) _____ toujours la même chose.
あなたはいつも同じことを言う。

11) Paul (essayer) _____ beaucoup de vêtements dans la boutique.
ポールはお店で多くの服を試着する。

12) Nous (avancer) _____ l'heure de la réunion.
私たちは会議の時間を早める。

13) Chaque jour nous (promener) _____ notre chien à tour de rôle.
毎日、私たちは交代で犬を散歩させています。

14) J'admire la passion avec laquelle elle (mener) _____ son travail.
私は彼女が情熱をもって仕事をしていることを賞賛する。

15) Nous (jeter) _____ toutes nos photos. Nous n'avons pas besoin du passé.
すべての写真を捨ててしまいましょう。過去なんて必要ない。

16) Nous (ranger) _____ nos jouets avant que maman ne revienne.
ママが戻ってくる前に僕たちおもちゃ片付けようぜ。

7. 空欄を埋めて文を完成させましょう。

1) 私たちは一緒にヨーロッパを旅行する。
_____ _____ ensemble ____ Europe.

2) あなたはフランス語と英語どちらが好きですか？
Que _____ - _____ , ____ _____ ou l'anglais ?

3) 私はこの荷物を海外に発送する。
_____ ____ paquet __ l'étranger.

4) 通常、私たちは朝の6時に働きはじめます。
Normalement _____ _____ ____ _____ à 6 heures du matin.

練 習 問 題 解 答

1.

	voyager	avancer	nettoyer	jeter
je (j')	voyage	avance	nettoie	jette
tu	voyages	avances	nettoies	jettes
il / elle	voyage	avance	nettoie	jette
nous	voyageons	avançons	nettoyons	jetons
vous	voyagez	avancez	nettoyez	jetez
ils / elles	voyagent	avancent	nettoient	jettent

2. 1) arranger　2) annoncer　3) déranger　4) appuyer　5) nettoyer
6) mener　7) élever　8) lancer

3. 1) arrange　2) commencez　3) dérangeons　4) change　5) avance
6) partageons　7) nageons　8) remplace　9) voyage　10) lançons

4. 1) appelle　2) pèses　3) lève　4) promène　5) jette　6) achetons
7) rappelons　8) levez

5. 1) préfère　2) essaie　3) espère　4) appuie　5) emploie　6) répète
7) envoie　8) Nettoyez

6. 1) achète　2) bougeons　3) Envoyez　4) partagent　5) remplaçons
6) envoyez　7) Élèves　8) emmène　9) relèvent　10) répétez
11) essaie　12) avançons　13) promenons　14) mène　15) jetons
16) rangeons

7. 1) Nous voyageons ensemble en Europe.
2) Que préférez-vous, le français ou l'anglais ?
3) J'envoie ce paquet à l'étranger.
4) Normalement nous commençons à travailler à 6 heures du matin.

直説法複合過去の形

> **時制の助動詞（直説法現在形）＋ 過去分詞**

- 時制の助動詞＋過去分詞の形を複合時制といい、直説法複合過去、直説法前未来（→ p109）、条件法過去（→ p125）、接続法過去（→ p130）などが複合時制である。
- 助動詞が直説法現在の場合の複合時制が複合過去である。
- 時制の助動詞は **avoir** もしくは **être** で、どちらを使うかは動詞の種類による。
    - avoir：他動詞、大部分の自動詞
    - être：一部の自動詞（下記参照）と代名動詞（→ p96）
- **être** を時制の助動詞として用いる自動詞　（　）内は過去分詞
    - 移動や状態の変化に関する動詞が多い。

> aller(allé) 行く　venir(venu) 来る　revenir(revenu) 戻って来る
> partir(parti) 出発する　arriver(arrivé) 到着する
> sortir(sorti) 出る　entrer(entré) 入る
> rester(resté) 留まる　rentrer(rentré) 帰る
> monter(monté) 登る　descendre(descendu) 降りる　tomber(tombé) 落ちる
> devenir(devenu) 〜になる　naître(né) 生まれる　mourir(mort) 死ぬ

過去分詞の形

不定詞の語尾		過去分詞の語尾	
-er		-é	aimer → aimé　aller → allé chanter → chanté　entrer → entré
-ir	原則	-i	choisir → choisi　dormir → dormi finir → fini　guérir → guéri　partir → parti remplir → rempli　réussir → réussi
	-enir	-enu	devenir → devenu　obtenir → obtenu revenir → revenu　tenir → tenu　venir → venu
	-frir -vrir	-fert, -vert	souffrir → souffert　offrir → offert ouvrir → ouvert　couvrir → couvert
	例外	その他	courir → couru　mourir → mort

-oir	-u（語幹不変）	falloir → fallu revoir → revu voir → vu valoir → valu vouloir → voulu
	-u（語幹変化）	apercevoir → aperçu avoir → eu pleuvoir → plu pouvoir → pu recevoir → reçu savoir → su
	-û	devoir → dû（女性形は due）
	その他	asseoir → assis
-re	-u（語幹不変）	attendre → attendu descendre → descendu entendre → entendu perdre → perdu rendre → rendu répondre → répondu
	-u（語幹変化）	boire → bu connaître → connu croire → cru disparaître → disparu lire → lu paraître → paru plaire → plu vivre → vécu
	その他	apprendre → appris conduire → conduit dire → dit écrire → écrit être → été faire → fait mettre → mis naître → né prendre → pris rire → ri suffire → suffi

直説法複合過去の活用例

chanter 歌う（助動詞 avoir）		aller 行く（助動詞 être）	
j' ai chanté	nous avons chanté	je suis allé(e)	nous sommes allé(e)s
tu as chanté	vous avez chanté	tu es allé(e)	vous êtes allé(e)(s)
il a chanté	ils ont chanté	il est allé	ils sont allés
elle a chanté	elles ont chanté	elle est allée	elles sont allées

助動詞が être のとき、過去分詞は主語に性・数一致する（「過去分詞の一致」参照）。

複合過去の用法

　フランス語では現在の時点ですでに終了した出来事を複合過去で表現する。英語のように現在完了と過去の区別はない。

1. 過去の行為、出来事

　英語の過去形にあたる。

Mon professeur m'**a donné** ce livre il y a dix ans.

　　　　　　　　　　　　　10 年前に先生が私にこの本をくれた。

J'**ai mis** la clé sur la table.　私は鍵をテーブルの上に置いた。

Napoléon **est né** en 1769 et **est mort** en 1821.

　　　　　　　　　　　　ナポレオンは 1769 年に生まれ 1821 年に死んだ。

2. 過去の行為・出来事の結果が現在に及ぶ場合、現在までの経験

英語の現在完了にあたる。

Tu **as fini** tes devoirs ？　宿題やった？

Mon train **est** déjà **parti**.　私の乗る列車はもう出てしまった。

Ma mère **est sortie**.　母は外出中です。

Je n'**ai** pas encore **visité** le musée du Louvre.

私はルーヴル美術館にまだ行ったことがない。

過去分詞の一致

過去分詞が主語や直接目的語の性・数に従って、形容詞のように語尾の形を変えることを過去分詞の一致という。男性単数のときは無変化、女性単数のときは語尾に e をつける。男性複数のときは s をつける。女性複数のときは es をつける。男女が混じった複数のときは、男性複数として一致する。

1. 時制の助動詞が être のとき、過去分詞は主語に性・数一致する

主語が vous のときは、相手が単数・複数、男性・女性で 4 通りの可能性がある。

Il est né à Paris.　彼はパリで生まれた。

Elle est arrivé**e** en retard.　彼女は遅れて到着した。

Mes parents sont venu**s** me voir.　両親が私に会いに来た。

Vous êtes allé**es** en France ？

フランスに行ったことがありますか？（相手が女性で複数）

代名動詞は再帰代名詞が直接目的語のときのみ → p96。

2. 時制の助動詞が avoir のとき、過去分詞は先行する直接目的語に性・数一致する。

Tu as vu Marie ？　− Oui, je *l'*ai vu**e** tout à l'heure.

マリー見かけた？　— さっき見たよ。

La voiture qu'il a acheté**e** est très chère.　彼が購入した車はとても高価である。

Quelles *fleurs* avez-vous choisi**es** ？　どの花をお選びになりましたか？

1. 次の動詞の過去分詞を書きましょう。

1) acheter 買う ＿＿＿＿＿
2) créer つくる ＿＿＿＿＿
3) voir 見る ＿＿＿＿＿
4) oublier 忘れる ＿＿＿＿＿
5) être ～である ＿＿＿＿＿
6) répondre 返事をする ＿＿＿＿＿
7) dire 言う ＿＿＿＿＿
8) avoir 持つ ＿＿＿＿＿
9) prendre 取る ＿＿＿＿＿
10) mettre 置く ＿＿＿＿＿
11) devoir ～しなくてはいけない ＿＿＿＿＿
12) faire する、作る ＿＿＿＿＿
13) rire 笑う ＿＿＿＿＿
14) naître 生まれる ＿＿＿＿＿
15) mourir 死ぬ ＿＿＿＿＿
16) descendre 降りる ＿＿＿＿＿

2. ( ) の中の動詞を複合過去形にしましょう。

1) Nous ＿＿＿＿ ＿＿＿＿ la fête de Noël. (préparer)
   私たちはクリスマスパーティーの準備をした。

2) Où ＿＿＿＿ -vous ＿＿＿＿ votre pécule ? (cacher)
   へそくりをどこに隠しましたか？

3) J'＿＿ ＿＿＿＿ de rester ici. (choisir)
   ここにいることにしました。

4) ＿＿ -tu ＿＿＿＿ ce questionnaire ? (remplir)
   その質問書に回答しましたか？

5) Ce réalisateur ＿＿ ＿＿＿＿ un manga en film. (adapter)
   この映画監督はマンガを映画にした。

6) À quel genre d'examen ＿＿＿＿ -vous ＿＿＿＿ ? (réussir)
   あなたはどんな試験に合格したのですか？

7) On ＿＿ ＿＿＿＿ l'assemblée générale par l'excellent discours de
   M. Martin. (finir)
   総会はマルタン氏の素晴らしいスピーチで幕を閉じた。

8) Ils ＿＿＿＿ ＿＿＿＿ d'avis. (changer)
   彼らは意見を変えた。

9) Alors que je n'aime pas les réseaux sociaux, j'＿＿ enfin ＿＿＿＿ un compte
   sur Facebook. (créer)
   SNS は好きではありませんが、ついに Facebook にアカウントを作りました。

10) Ils n'＿＿ pas bien ＿＿＿＿ ce que leur patron voulait dire. (saisir)
   彼らには、上司が言わんとしていることがよく理解できなかった。

11) Chacune à son tour, elles _____ _____ des histoires vraies et effrayantes. (raconter)
かわるがわる、彼女たちは本当にあった怖い話を語った。

12) ___ -tu _____ avec quelqu'un à cette soirée-là ? (danser)
あのダンスパーティーでだれかと踊りましたか？

13) Il m'___ _____ si je voulais un café. (demander)
彼は私にコーヒーを飲むか尋ねた。

14) Miyuki et Natsumi _____ _____ du film français qui vient de sortir. (parler)
ミユキとナツミは封切りされたばかりのフランス映画の話をした。

15) Mon collègue ___ _____ la voix dans la réunion. (élever)
私の同僚は会議で大きな声をあげた。

16) Nous n'_____ point _____ cette boîte. (toucher)
私たちはこの箱に指一本触れていません。

17) Je n'___ rien _____ depuis ce matin. (manger)
今朝から何も食べていません。

18) Ryo ___ _____ le nom de son professeur. (oublier)
リョウは先生の名前を忘れてしまった。

19) La semaine dernière, nous _____ beaucoup _____ pour la manifestation culturelle. (travailler)
先週、私たちはその文化イベントのためにたくさん働きました。

20) C'est le hôte lui-même qui ___ _____ ses invités à table. (servir)
あるじ自らが、客に料理をふるまった。

3. ( )の中の動詞を複合過去形にしましょう。

1) Marie ___ _____ au téléphone sèchement. (répondre)
マリーは冷ややかに電話に出た。

2) J'___ _____ le do de la clarinette ! (perdre)
クラリネットのドの音が出ない！

3) Tu ___ _____ de tes parents, mais à partir de maintenant tu dois être indépendant. (dépendre)
君は両親に依存していたが、これからは自立しなくてはいけないよ。

4) Tu ___ bien _____ la pareille à ton professeur. (rendre)
君はよく先生に恩返ししたよ。

5) Je n'___ pas _____ Paul depuis qu'on a fait un stage ensemble. (revoir)
一緒に研修を受けて以来、私はポールを見かけていない。

6) Ce jour-là, j'___ _____ préparer des document avant de sortir du bureau. (devoir)
その日、私は退社する前に書類を準備せねばならなかった。

7) _____ -vous déjà _____ le DVD au magasin de location ? (rendre)
DVD をレンタルショップにもう返しましたか？

8) Par hasard, elle ___ _____ son ex-mari il y a trois jours. (apercevoir)
3 日前、偶然にも彼女は元夫を見かけた。

9) Vous _____ _____ convaincre vos parents. (savoir)
あなたはご両親を説得できましたね。

10) Les tableaux de ce peintre ___ _____ très cher autrefois. (valoir)
かつてその画家の絵はとても高い値が付いた。

11) Vous n'___ pas _____ finir cette tâche avant la date limite, parce que vous avez été paresseux. (pouvoir)
あなたがこの仕事を締め切り前に終わらせられなかったのは、あなたが怠慢だったからですよ。

12) Elle ___ _____ le record du Japon en saut en longeur. (battre)
走り幅跳びで、彼女は日本記録を更新した。

13) Toru ___ _____ sa sœur pleurer. (entendre)
トオルは姉が泣いているのを耳にした。

14) Nous _____ _____ notre temps à bavarder. (perdre)
私たちはおしゃべりで時間を無駄に過ごしてしまった。

15) Yuko ___ _____ à la demande de renseignement. (répondre)
ユウコは問い合わせに回答した。

16) Michiko ___ _____ ses beaux-parents à la gare. (attendre)
ミチコは夫の両親を駅で出迎えた。

17) Le mois dernier, Franck ___ _____ de la vaisselle ancienne au marché aux puces. (vendre)
先月、フランクはフリーマーケットでアンティークの食器を売った。

18) Super ! Je n'___ jamais _____ autant d'étoiles dans ma vie. (voir)
すごい！　私こんなにたくさんの星を見たことがない。

19) Heureusement, nous _____ _____ une bonne éducation. (recevoir)
幸せなことに、私たちは良い教育を受けた。

20) Tu ___ _____ faire la connaissance de cet éditeur. C'est bien ! (pouvoir)
あの編集者と知り合いになれたのね。よかった！

4. （ ）の中の動詞を複合過去形にしましょう。

1) Alex ____ _____ son doctorat en 2005. (obtenir)
   アレックスは 2005 年に博士号を取得した。

2) Balzac ____ beaucoup _____ . (produire)
   バルザックは多数の作品を書いた。

3) Ils ____ _____ sa parole. (tenir)
   彼らは約束を守った。

4) Je lui ____ _____ un bouquet de fleurs. (offrir)
   私は彼女に花束をあげた。

5) Heureusement, ma grand-mère n'____ pas _____ avant de mourir.
   (souffrir)
   幸いにも、祖母は苦しまずに逝った。

6) L'hiver dernier, la neige ____ _____ les sommets des montagnes.
   (couvrir)
   去年の冬、雪が山々の頂をおおった。

7) _____ -vous _____ à vos enfants d'aller au parc d'attractions ?
   (promettre)
   あなたは、子どもたちに遊園地に行くと約束しましたか？

8) C'est mon grand-père qui ____ _____ le château d'Osaka. (construire)
   — Ce n'est pas vrai !
   大阪城を建てたの、俺のおじいちゃんやねん。　— なんでやねん！

9) Elle ____ _____ du poulet à la vapeur à la coréenne. (cuire)
   彼女は韓国風に鶏肉を蒸した。

10) Ryohei n'a pas bien compris ce que je lui ____ _____ . (dire)
    リョウヘイは私が言ったことをあんまり分かっていなかった。

11) Hier, comme d'habitude, Akiko ____ _____ son enfant à la crèche.
    (mettre)
    昨日、いつものように、アキコは子どもを保育園に預けた。

12) Nous _____ _____ une semaine de congé cet été. (obtenir)
    私たちは、今年の夏は 1 週間の休暇を取った。

13) Monsieur et Madame Yamada ____ _____ Lyon lors de leur voyage de
    noces. (connaître)
    山田夫妻は新婚旅行でリヨンを知った。

14) J'____ déjà _____ tous les volumes d'À la recherche du temps perdu !
    (lire)
    私はもう、『失われた時を求めて』全巻を読破しましたからね！

15) ＿＿＿ -vous ＿＿＿＿ à cette histoire ridicule ? (croire)
　　あなたはこんなバカげた話を信じたのですか？

16) Nous ＿＿＿ beaucoup ＿＿＿＿ , beaucoup parlé et beaucoup ri. (boire)
　　私たちは大いに飲み、話し、笑った。

17) J'＿ ＿＿＿＿ très contente de faire votre connaissance. (être)
　　あなたとお知り合いになれてとてもうれしかったです。

18) Hier, ma sœur et mon beau-frère ＿＿ ＿＿＿＿ des jumeaux, un garçon et une fille. (avoir)
　　昨日、姉夫婦に男の子と女の子の双子の赤ちゃんが生まれました。

19) Elle ＿＿ ＿＿＿＿ ses devoirs aussi vite que possible. (faire)
　　彼女は可及的速やかに宿題を仕上げました。

20) Vous ＿＿＿ ＿＿＿ que vous étiez malade, n'est-ce pas ? (dire)
　　あなたは病気だと言ってましたよね？

21) Hikari et Mika ＿＿ ＿＿＿＿ le français dans la même classe quand elles étaient étudiantes. (apprendre)
　　ヒカリとミカは学生時代同じクラスでフランス語を学んだ。

22) Elles ＿＿ ＿＿＿＿ la guerre. (vivre)
　　彼女たちは戦時下を生きた。

23) Ces clémentiniers ＿＿ ＿＿＿＿ de beaux fruits dans le passé. (produire)
　　以前、これらのミカンの樹はたくさんの実をつけた。

24) Chose curieuse, elles ＿＿ ＿＿＿＿ soudainement. (disparaître)
　　奇妙なことに、彼女たちは忽然と姿を消した。

5. 性数一致に注意して、（ ）の中の動詞を複合過去形にしましょう。

1) Elles ＿＿ ＿＿＿＿ à la gare pour chercher leur mère. (aller)
　　彼女たちは駅に母親を迎えにいった。

2) Patrick ＿＿ ＿＿＿＿ amoureux de Charlotte la première fois qu'il l'a vue. (tomber)
　　パトリックはシャーロットを初めて見たときに恋に落ちた。

3) Mon père ＿＿ ＿＿＿＿ à l'âge de 90 ans. (mourir)
　　私の父は 90 歳で亡くなった。

4) Le jour où ma fille ＿＿ ＿＿＿＿ , il neigeait. (naître)
　　娘が生まれた日、雪が降っていた。

5) Elle ＿＿ ＿＿＿＿ tard chez elle ce dimanche. (rentrer)
　　この日曜日、彼女は遅くに帰宅した。

6) Kenji et Makoto sont amis depuis l'enfance. Par hasard, ils ___ _____ le même jour. (naître)
ケンジとマコトは幼いころからの友達です。偶然にも、二人は同じ日に生まれました。

7) Miki et Aya _____ _____ infirmières toutes les deux. (devenir)
ミキとアヤは二人とも看護師になった。

8) Masao, dans quelle salle ___ -tu _____ lors de ton entretien ? (entrer)
マサオ、面接のとき、どの部屋にはいりましたか？

9) Un accident ___ _____ , et sa vie en a été bouleversée. (arriver)
ある事故が起こって、彼の人生はめちゃくちゃになった。

10) Après avoir quitté Paris, mon mari et moi, nous _____ _____ dans le sud de la France. (descendre)
パリを離れてから、夫と私は南仏へ向かいました。

11) Une fois je ___ _____ ici vers midi, mais il n'y avait personne. Donc je suis revenue à 13 heures.(venir)
一度、お昼にここにきましたが、だれもいなかったので、13時に出直しました。

12) Mon père et mon frère ___ _____ à la guerre tous les deux. (mourir)
私の父も兄も、二人とも戦争で亡くなりました。

13) Ils ___ _____ les escaliers parce que l'ascenseur était en panne. (monter)
エレベーターが故障していたので彼らは階段で上がりました。

14) Ce jour-là, Taro ___ _____ en retard. (venir)
その日、タロウは遅れて来た。

15) Nous _____ il y a une heure. (arriver)
私たちは1時間前に着きました。

16) Est-ce que tu vis toujours avec Marie ?
 − Non, elle ___ _____ il y a trois mois. (partir)
今もマリーと住んでいるの？ ——いいや、彼女は3か月前に出て行きました。

17) Ce jour-là, nous _____ _____ du bureau vers 19 heures pour prendre un verre. (sortir)
その日、私たちは19時頃に事務所を出て飲みに行きました。

18) Après ses études au Japon, Mathilde ___ _____ en France. (revenir)
日本での学業を終え、マチルドはフランスに帰った。

19) Elles ___ _____ au sous-sol pour une visite de la cave à vin. (descendre)
ワイナリーを見学するために、彼女たちは地下へ下りていった。

20) Je ne _____ encore jamais _____ à Kyoto. (aller)
　　僕はまだ京都に行ったことがありません。

6. 性数一致に注意して、（ ）の中の動詞を複合過去形にしましょう。

1) Parmi les nombreux sites touristiques, c'est la tour de Tokyo que Maxime
　　____ surtout _____ . (adorer)
　　たくさんの観光スポットの中で、マキシムが特に大好きになったのは東京タワー
　　です。

2) Répétez les avertissements que vous m'____ _____ . (donner)
　　あなたが言った注意事項をもう一度言ってください。

3) C'est Akira seul que j'____ _____ dans ma vie. (aimer)
　　私が生涯愛したのはアキラだけです。

4) Je veux à nouveau manger l'omelette que tu m'____ _____ il y a 10
　　ans. (faire)
　　10 年前にあなたが私に作ってくれたオムレツをもう一度食べたい。

5) Comme Ayumi a un sens aigu des responsabilités, on l'____ _____
　　comme présidente d'un comité. (choisir)
　　アユミは責任感が強いので、委員長に選ばれた。

6) Ce sont les lunettes qu'elle ____ _____ hier, n'est-ce pas ? (perdre)
　　これは彼女が昨日失くした眼鏡ではありませんか？

7) Pouvez-vous me prêter le livre que vous _____ ____ la semaine
　　dernière ? (lire)
　　先週あなたが読んだ本を貸してもらえませんか？

8) Est-ce que tu as les dossiers qu'ils ____ _____ ? (remplir)
　　彼らが記入した書類ある？

9) Quelle langue ____ -elles _____ ? (apprendre)
　　彼女たちはどの言語を学びましたか？

10) *Le Bataille des Planètes* ! C'est un dessin animé que j'____ _____ dans
　　mon enfance ! (regarder)
　　「ガッチャマン」！それは私が子どもの頃見ていたアニメシリーズです！

11) Quelles sont les photos qu'il ____ _____ à Paris ? (prendre)
　　彼がパリで撮った写真はどんな写真ですか？

12) As-tu fermé la porte ？ － Oui, je l'____ bien _____ . (fermer)
　　ドアを閉めた？　－うん、ちゃんと閉めたよ。

13) Quelle fleur ____ -vous _____ à votre maman ? (offrir)
　　お母さんにどの花をあげましたか？

14) Avez-vous visité l'exposition de peinture hollandaise ?
– Oui, je l'____ _____ très intéressante. (trouver)
オランダ絵画の展覧会に行きましたか？　－はい、とても興味深いと思いました。

15) Qu'est-ce que tu as fait de la bague qu'il t'____ _____ ? (donner)
彼にもらった指輪はどうしたの？

7. 日本語の意味になるように空欄を埋めましょう。

1) Ce médicament ____ _____ Matthieu de sa fièvre.
この薬がマチューの高熱を治した。

2) Elles ____ _____ pour protéger le vrai criminel.
彼女たちは真犯人をかばうために嘘をついたのだ。

3) _____ -vous _____ cette situation ?
この状況を理解しましたか？

4) Mes deux sœurs aînées ____ _____ avocates.
私の二人の姉は弁護士になりました。

5) J'____ _____ au concours national des médecins.
私は医師国家試験に合格しました。

6) Elles _____ beaucoup _____ en se parlant.
彼女たちは話をしながら大いに笑った。

7) Aujourd'hui, maman ____ _____ . Ou peut-être hier, je ne sais pas.
(Albert Camus, *Étranger*)
今日、ママンが死んだ。あるいは昨日かもしれない。わからない。（カミュ『異邦人』）

8) Avez-vous téléphoné à Mariko ?　– Oui, mais elle n'____ pas _____ .
マリコに電話しましたか？　—はい、でも彼女出ませんでしたよ。

9) J'____ _____ tous les produits de marque sur les marchés aux puces.
私はすべてのブランド品をフリーマーケットで売った。

10) Hier soir, vers 9 heures, n'_____ -vous pas _____ des bruits ?
昨晩、9 時頃、何か物音を聞きませんでしたか？

11) Nous _____ _____ de l'autobus à Clignancourt.
私たちはクリニャンクールでバスを降りた。

12) Elle _____ _____ la lettre de sa fille.
彼女は娘からの手紙を待った。

13) _____ -vous déjà _____ le Louvre et le musée de l'Orangerie ?
あなたはもうルーヴル美術館とオランジュリー美術館を訪れましたか？

14) Il ____ _____ ce roman en un mois.
彼は 1 か月でこの小説を書いた。

15) Au moment où son patron a prononcé ces mots, elle ____ _____ le frapper.
上司がその言葉を吐いた瞬間、彼女は上司を殴りたくなった。

16) Cinq chiens _____ _____ la semaine dernière.
先週、犬が5匹生まれました。

17) Je ____ _____ à l'aéroport trois heures avant le départ de mon avion.
私は、自分が乗る飛行機が離陸する3時間前に空港に着いた。

18) Ses économies n'____ pas _____ pour un acompte sur un appartement.
彼の貯金ではマンション購入の頭金には足りなかった。

19) Qui a conduit la voiture quand cet accident ____ _____ ?
この事故が起こったとき、だれが車を運転していましたか？

20) J'ai pris Jérôme par le bras quand il m'____ _____ adieu.
ジェロームが私にさよならを言ったとき、私は彼の腕をつかんだ。

21) Comment ____ -tu _____ ton enfant ?
お子さんをどうやって寝かしつけたの？

22) Le 15 mars, jusqu'à quelle heure _____ -vous _____ au bureau ?
3月15日、何時まであなたたちは事務所に残っていましたか？

8. 空欄を埋めて文を完成させましょう。

1) 君が出発したとき、君のお母さん泣いてたよ。
_____ _____ ____ _____ quand ____ ____ _____ .

2) ヒロミが開けてと頼んでも、彼らはドアを開けなかった。
Ils _____ _____ _____ la porte quand Hiromi le _____ _____
_____ .

3) 私たちはこの部屋に彼が入ることを許可しなかった。
_____ ____ ____ _____ ____ _____ d'entrer dans _____ _____ .

4) 私たちはパリへ旅行に行って、エッフェル塔に上りました。
_____ _____ _____ __ Paris et _____ _____ _____ en haut de
la tour Eiffel.

練 習 問 題 解 答

1. 1) acheté 2) créé 3) vu 4) oublié 5) été 6) répondu 7) dit
8) eu 9) pris 10) mis 11) dû 12) fait 13) ri 14) né 15) mort
16) descendu

2. 1) avons préparé 2) avez / caché 3) ai choisi 4) As / rempli
5) a adapté 6) avez / réussi 7) a fini 8) ont changé 9) ai / créé
10) ont / saisi 11) ont raconté 12) As / dansé 13) a demandé
14) ont parlé 15) a élevé 16) avons / touché 17) ai / mangé
18) a oublié 19) avons / travaillé 20) a servi

3. 1) a répondu 2) ai perdu 3) as dépendu 4) as / rendu 5) ai / revu
6) ai dû 7) Avez / rendu 8) a aperçu 9) avez su 10) ont valu
11) avez / pu 12) a battu 13) a entendu 14) avons perdu
15) a répondu 16) a attendu 17) a vendu 18) ai / vu
19) avons reçu 20) as pu

4. 1) a obtenu 2) a / produit 3) ont tenu 4) ai offert 5) a / souffert
6) a couvert 7) Avez / promis 8) a construit 9) a cuit
10) ai / dit 11) a mis 12) avons obtenu 13) ont connu
14) ai / lu 15) Avez / cru 16) avons / bu 17) ai été 18) ont eu
19) a fait 20) avez dit 21) ont appris 22) ont vécu
23) ont produit 24) ont disparu

5. 1) sont allées 2) est tombé 3) est mort 4) est née 5) est rentrée
6) sont nés 7) sont devenues 8) es / entré 9) est arrivé
10) sommes descendus 11) suis venue 12) sont morts
13) ont monté 14) est venu 15) somme arrivé(e)s 16) est partie
17) sommes sorti(e)s 18) est revenue 19) sont descendues
20) suis / allé

6. 1) a / adorée 2) avez donnés 3) ai aimé 4) as faite 5) a choisie
6) a perdues 7) avez lu 8) ont remplis 9) ont / apprise
10) ai regardé 11) a prises 12) ai / fermée 13) avez / offerte
14) ai trouvée 15) a donnée

7. 1) a guéri 2) ont menti 3) Avez / compris 4) sont devenues
5) ai réussi 6) ont / ri 7) est morte 8) a / répondu 9) ai vendu
10) avez / entendu 11) sommes descendus / descendues 12) a attendu

13) Avez / visité　14) a écrit　15) a voulu　16) sont nés
17) suis arrivé(e)　18) a / suffi　19) est arrivé　20) a dit
21) as / endormi　22) êtes / restés

8.　1) <u>Ta</u> <u>mère</u> <u>a</u> <u>pleuré</u> quand <u>tu</u> <u>es</u> <u>parti(e)</u>.
2) Ils <u>n'ont</u> <u>pas</u> <u>ouvert</u> la porte quand Hiromi le <u>leur</u> <u>a</u> <u>demandé</u>.
3) <u>Nous</u> <u>ne</u> <u>lui</u> <u>avons</u> <u>pas</u> <u>permis</u> d'entrer dans <u>cette</u> <u>salle</u>.
4) <u>Nous</u> <u>avons</u> <u>voyagé</u> <u>à</u> Paris et <u>nous</u> <u>sommes</u> <u>monté(e)s</u> en haut de la tour Eiffel.

語尾は、すべての動詞に共通である。

je	-**ais**	nous	-**ions**
tu	-**ais**	vous	-**iez**
il / elle	-**ait**	ils / elles	-**aient**

語幹は、直説法現在 1 人称複数形の語幹（人称語尾の -ons を取り除いたもの）である。

chanter → nous **chant**ons（直説法現在 1 人称複数形）→ **chant**

être のみが例外　être → **ét**

être → ét	avoir → av	chanter → chant
finir → finiss	partir → part	venir → ven
offrir → offr	aller → all	faire → fais
dire → dis	recevoir → recev	
pouvoir → pouv	savoir → sav	devoir → dev
voir → voy	attendre → attend	
prendre → pren	mettre → mett	écrire → écriv
lire → lis	connaître → connaiss	

être		avoir	
j' ét**ais**	nous ét**ions**	j' av**ais**	nous av**ions**
tu ét**ais**	vous ét**iez**	tu av**ais**	vous av**iez**
il / elle ét**ait**	ils / elles ét**aient**	il / elle av**ait**	ils / elles av**aient**

半過去の用法

1. 過去のある時点・時期に継続していた動作・状態を表す

　一般に過去のある時点を表現する場合は複合過去、時期を表現する場合は半過去が用いられる。

　Je **prenais** le déjeuner, quand il m'a téléphoné.

　　　　　　　　　私が昼食を食べていると、彼から電話がかかってきた。

Hier, à 6 heures du matin, il **faisait** très beau.

昨日の朝6時、天気はとてもよかった。

Nous **habitions** à Paris dans mon enfance.

私が子どものとき、私たちはパリに住んでいました。

Quand j'**avais** six ans, j'ai vu un ovni.　私は6歳のとき UFO を見た。

2. 過去のある時期に繰り返されていた習慣を表す

Quand j'**étais** petit, mon grand-père m'**accompagnait** souvent au zoo.

小さかったとき、祖父はよく私を動物園に連れて行ってくれた。

3. 間接話法で主節の動詞が過去時制のとき、過去の時点での現在を表す

Ils m'ont dit : «Nous sommes très heureux avec vous.»

「私たちはあなたとご一緒できて大変うれしいです」と彼らは私に言った。

Ils m'ont dit qu'ils **étaient** très heureux avec moi.

私と一緒にいれて大変嬉しいと彼らは私に言った。

1. 直説法半過去の活用表を完成させましょう。

	être	manger	prendre	voir
je (j')				
tu				
il / elle				
nous				
vous				
ils / elles				

2. ( ) の中の動詞を半過去にしましょう。

1) Quand mon père est rentré, ma sœur et moi, nous _____ des gâteaux. (manger)
   私の父が帰宅したとき、妹と私はケーキを食べていた。

2) Quand mon père est rentré, ma mère _____ la cuisine. (faire)
   私の父が帰宅したとき、母は料理をしていた。

3) Quand mon père est rentré, mes petits frères _____.(dormir)
   私の父が帰宅したとき、弟たちは眠っていた。

4) Quand votre père est rentré, vous _____ dans votre chambre, n'est-ce pas ? (être)
   あなたのお父さまが帰宅されたとき、あなたはご自分の部屋にいらっしゃったのですよね？

5) Quand le téléphone a sonné, mes collègues _____ le déjeuner. (prendre)
   電話が鳴ったとき、同僚たちはランチを食べていた。

6) Quand le téléphone a sonné, j'_____ la fenêtre. (ouvrir)
   電話が鳴ったとき、私は窓を開けているところだった。

7) Quand le téléphone a sonné, il _____ le filtre du climatiseur. (changer)
   電話が鳴ったとき、彼はエアコンのフィルターを交換していた。

8) Quand le téléphone a sonné, vous _____ ce formulaire. (remplir)
   電話が鳴ったとき、あなたはこの書類に記入していた。

9) Quand elle est arrivée à la fête, il n'y _____ personne. (avoir)
   彼女がパーティー会場についたとき、誰もいなかった。

10) Quand elle est arrivée à la fête, ils _____ beaucoup. (rire)
    彼女がパーティー会場についたとき、彼らは大いに笑っていた。

11) Quand elle est arrivée à la fête, de quoi _____ -tu ? (parler)
彼女がパーティー会場についたとき、君は何について話していたの？

12) Quand elle est arrivée à la fête, je _____ du vin rouge. (boire)
彼女がパーティー会場についたとき、私は赤ワインを飲んでいた。

3. ( ) の中の動詞を半過去にしましょう。

1) Avant, je _____ dans un journal. (travailler)
以前、私は新聞社で働いていました。

2) Qu'est-ce que tu _____ hier soir vers 21 heures ? (faire)
昨夜 21 時頃何をされていましたか。

3) À ce moment-là, vous _____ devenir un avocat. (vouloir)
あのときあなたは弁護士になりたかったのですよね。

4) À l'époque, nous _____ à Paris. (vivre)
当時、パリで生活していました。

5) Cet après-midi-là, vous _____ un cours d'anglais. (suivre)
あの日の午後、あなたたちは英語の授業を受けていましたね。

6) Elle _____ courir plus vite quand elle était plus jeune. (pouvoir)
彼女は若い頃、もっと速く走れた。

7) Pendant que les fourmis _____ dur, les cigales chantaient. (travailler)
アリが一生懸命働いている間、セミは歌っていた。

8) À l'époque, tu _____ à l'étranger chaque été. (voyager)
当時、君は毎年夏に海外旅行に行っていたよね。

9) Je _____ te demander un service. (vouloir)
ひとつお願いしたいことがあるんだけど。

10) Si nous _____ un verre après le travail ? (prendre)
仕事のあと、一杯飲みに行きませんか？

11) Paul a dit qu'il _____ le russe. (comprendre)
ポールは、ロシア語が分かると言った。

12) Au moment où ils _____ , Marie est entrée en courant dans le bureau. (partir)
彼らが出発しようとしたとき、マリーが走ってオフィスに入ってきた。

13) Où (habiter) _____ -tu qunad tu étais étudiant ?
学生の頃、どこに住んでいましたか？

14) Elle (attendre) _____ son petit ami souvent dans ce café.
彼女はよくこのカフェで彼を待ったものだ。

15) Ils (prendre) _____ de la bière à tous les repas.
彼らは食事のときはいつもビールを飲んだ。

16) Vous (aller) _____ à l'école ensemble tous les matins.
あなたたち、毎朝一緒に学校に行っていたわね。

4. （ ）の中の動詞を複合過去か半過去にしましょう。

1) Quand je _____ (marcher) sur le boulevard, j'_____ (découvrir) une jolie robe dans une vitrine.
大通りを歩いていたとき、私はショーウィンドウにきれいなワンピースを見つけた。

2) Pendant qu'il _____ (faire) du jogging, il _____ (faire) tomber sa serviette.
彼はジョギングをしている間にタオルを落とした。

3) Quand je vous _____ (voir) pour la première fois, vous _____ (avoir) quel âge ?
私があなたに初めてお会いしたとき、あなたは何歳でしたか？

4) Elles _____ (étudier) l'allemand quand elles _____ (entendre) un grand bruit dans la pièce d'à côté.
彼女たちがドイツ語の勉強をしていると、隣の部屋で大きな物音が聞こえた。

5) Je _____ (vouloir) devenir médecin depuis mon enfance, et l'année dernière j'_____ (réussir) au concours national.
私は子どもの頃から医者になりたくて、昨年、国家試験に合格しました。

6) Pendant que son grand-père _____ (être) à hôpital, elle le _____ (visiter) chaque jour.
おじいさんが入院していたとき、彼女は毎日見舞いに行った。

7) J'_____ (visiter) un magasin où l'on _____ (vendre) des choses inhabituelles.
珍しいものを売っているお店を訪れた。

8) Nous _____ (emmener) nos amis dans un restaurant où nous _____ (dîner) souvent pour des occasions spéciales.
私たちがよく特別な日に夕食を食べていたレストランに、友達を連れて行った。

9) Nous _____ (aller) voir un film qui _____ (être) très populaire à l'époque.
当時とても人気のあった映画を私たちは見に行ったのです。

10) Qu'est-ce que vous _____ (faire) vers 13 heures hier après-midi ?
昨日午後の13時頃、あなたは何をしていましたか？

11) J' _____ (déjeuner) à midi, et après... vers 13 heures, je _____ (nettoyer) le bureau.
12時にご飯を食べて、それから ...13時頃は事務所を掃除していました。

12) Tu m' _____ (dire) que tu _____ (devoir) partir avant 8 heures.
君は私に、8時までに出発しなくてはならないと言った。

13) Nous _____ (prétendre) que nous _____ (avoir) raison.
私たちは自分たちが正しいのだと主張した。

14) Ce soir-là, j'_____ (être) très heureux de faire votre connaissance.
あの夜、あなたと知り合えて僕はとても幸福でした。

15) Alors que je travaillais, je (commencer) _____ à être fatigué.
働いていたら、だんだん疲れてきた。

16) Elle (tomber) _____ amoureuse d'un homme qui (porter) _____ un costume Armani.
彼女はアルマーニのスーツを着た男性に恋をした。

17) Vous m'(dire) _____ que vous (vouloir) _____ une jolie trousse. Je vous l'ai achetée !
かわいいポーチが欲しいって言っていましたよね。あなたに買ってきました！

18) Il a parlé avec un monsieur qui en (savoir) _____ beaucoup sur le mode de vie des chimpanzés.
彼はチンパンジーの生態に詳しい男性と話をした。

5. 空欄を埋めて文を完成させましょう。

1) いつも彼女はコーヒーに砂糖を入れたのですが、その日は入れませんでした。
Normalement _____ _____ ___ _____ dans le café, mais ce jour-là, _____ n'en ___ _____ _____ .

2) 母親が仕事から帰宅したとき、ポールはお腹がぺこぺこだった。
_____ ___ _____ _____ _____ du travail, _____ _____ une faim de loup !

3) 私に電話してくれたとき、君はどこにいたの？
___ _____ - ___ quand ___ m'___ _____ ?

4) あなたたちは学生の頃、毎年海水浴に行きましたね。
_____ _____ _____ étudiants, _____ _____ vous baigner chaque année.

練 習 問 題 解 答

1.

	être	manger	prendre	voir
je (j')	étais	mangeais	prenais	voyais
tu	étais	mangeais	prenais	voyais
il / elle	était	mangeait	prenait	voyait
nous	étions	mangions	prenions	voyions
vous	étiez	mangiez	preniez	voyiez
ils / elles	étaient	mangeaient	prenaient	voyaient

2. 1) mangions   2) faisait   3) dormaient   4) étiez   5) prenaient
6) ouvrais   7) changeait   8) remplissiez   9) avait   10) riaient
11) parlais   12) buvais

3. 1) travaillais   2) faisais   3) vouliez   4) vivions   5) suiviez   6) pouvait
7) travaillaient   8) voyageais   9) voulais   10) prenions
11) comprenait   12) partaient   13) habitais   14) attendait
15) prenaient   16) alliez

4. 1) marchais / ai découvert   2) faisait / a fait   3) ai vu(e) / aviez
4) étudiaient / ont entendu   5) voulais / ai réussi   6) était / visitait
7) ai visité / vendait   8) avons emmené / dînions
9) sommes allé(e)s / était   10) faisiez   11) ai déjeuné / nettoyais
12) as dit / devais   13) avons prétendu / avions   14) ai été
15) commençais   16) est tombée / portait   17) avez dit / vouliez
18) savait

5. 1) Normalement <u>elle</u> <u>mettait</u> <u>du</u> <u>sucre</u> dans le café, mais ce jour-là, <u>elle</u> n'en
<u>a</u> <u>pas</u> <u>mis</u>.
2) <u>Quand</u> <u>sa</u> <u>mère</u> <u>est</u> <u>rentrée</u> du travail, <u>Paul</u> <u>avait</u> une faim de loup !
3) <u>Où</u> <u>étais-tu</u> quand <u>tu</u> <u>m'as</u> <u>appelé(e)</u> ?
4) <u>Quand</u> <u>vous</u> <u>étiez</u> étudiants, <u>vous</u> <u>alliez</u> vous baigner chaque année.

8 ‹ 直説法過去
直説法大過去

> **時制の助動詞（直説法半過去）＋ 過去分詞**

・複合過去の解説で説明したように、直説法大過去は複合過去と同様、複合時制である。
・時制の助動詞は avoir もしくは être で、どちらを使うかは複合過去の場合と同じ。

chanter 歌う（助動詞 avoir）	
j' avais chanté	nous avions chanté
tu avais chanté	vous aviez chanté
il avait chanté	ils avaient chanté
elle avait chanté	elles avaient chanté

aller 行く（助動詞 être）	
j' étais allé(e)	nous étions allé(e)s
tu étais allé(e)	vous étiez allé(e)(s)
il était allé	ils étaient allés
elle était allée	elles étaient allées

助動詞が être のとき、過去分詞は主語に性・数一致する。

大過去の用法

1. 過去のある時点で、すでに完了している行為・出来事を表す

Quand il est arrivé à l'aéroport, l'avion **était** déjà **parti**.
空港に着いたときには、飛行機はもう出発してしまっていた。

2. 過去の時点での過去を表す

間接話法で主節の動詞が過去時制のとき、過去の時点での過去を表す。
Elle lui a dit : «J'ai laissé mes lunettes chez toi hier.»
「昨日あなたの家にメガネを置き忘れてきたわ」と彼女は彼に言った。（直接話法）
Elle lui a dit qu'elle **avait laissé** ses lunettes chez lui la veille.
前日にメガネを彼の家に置き忘れてきたと彼女は彼に言った。（間接話法）

直接話法と間接話法

　直接話法は発話を « » に入れて発話をそのまま直接引用するのに対し、間接話法は文の語り手の視点から捉えなおして伝える。

　直接話法と同内容を間接話法で表現するときには、人称代名詞や時・場所の副詞に注意する必要がある。前ページの例を用いて説明する。

1) 直接話法の « » 内の発話の主語 *je* は文の主語の *elle* を指し、*chez toi* の *toi* は彼女が語りかけた相手を指すので、間接話法の従属節中ではそれぞれ *elle, lui* となっている。

2) 主節の時制が過去時制のとき、直接話法の « » 内の直説法現在は、間接話法の従属節では直説法半過去に、直説法複合過去・半過去は直説法大過去になる。上の例では、*J'ai laissé*（複合過去）が、*elle avait laissé*（直説法大過去）になっている。

3) 直接話法の « » 内の時の副詞 *hier*（今を基準とした前の日＝昨日）は間接話法では *la veille*（発話の時点を基準とした前の日＝前日）となっている。
   aujourd'hui 今日 ↔ *ce jour-là* その日　　*demain* 明日 ↔ *le lendemain* 翌日

1. ( ) の中の動詞を大過去にしましょう。

1) Quand ma mère est rentrée, j'_____ déjà _____ mes devoirs. (finir)
母が帰宅したとき、私はもう宿題を終わらせていた。

2) Quand ma mère est rentrée, mon petit frère _____ déjà _____ de pleurer.
(arrêter)
母が帰宅したとき、弟はもう泣き止んでいた。

3) Quand ma mère est rentrée, mon père _____ déjà _____ au liz. (aller)
母が帰宅したとき、父はもう寝に行ったあとだった。

4) Quand ma mère est rentrée, son invitée _____ déjà _____ chez nous.
(arriver)
母が帰宅したとき、母が招待した客はすでに私たちの家に着いていた。

5) Quand ma mère est rentrée, mes frères et moi, nous _____ déjà _____.
(dîner)
母が帰宅したとき、兄たちと私はもうすでに夕飯を食べたあとだった。

6) Quand Paul est arrivé à la Gare de Lyon, vous _____ déjà _____
dans le restaurant « Le Train Bleu ». (entrer)
ポールがリヨン駅に着いたとき、あなたたちはすでに「ル・トラン・ブルー」
というレストランに入ったあとだった。

7) Quand Paul est arrivé à la Gare de Lyon, son TGV _____ déjà _____.
(partir)
ポールがリヨン駅に着いたとき、彼が乗るはずの TGV はもう出てしまっていた。

8) Quand Paul est arrivé à la Gare de Lyon, ils _____ déjà _____ le tour
de cette gare historique. (faire)
ポールがリヨン駅に着いたとき、彼らはすでにこの歴史的な駅構内を見学した
あとだった。

9) Quand Paul est arrivé à la Gare de Lyon, j'_____ déjà _____ un billet
pour lui. (acheter)
ポールがリヨン駅に着いたとき、私はすでに彼の分の切符を買っていた。

10) Quand Paul est arrivé à la Gare de Lyon, tu _____ déjà _____ de train.
(changer)
ポールがリヨン駅に着いたとき、君はもう電車を乗り換えたあとだった。

11) Quand j'ai rencontré Marie, son fils _____ déjà _____ professeur de
lycée. (devenir)
僕がマリーに出会ったとき、彼女の息子はもう高校の先生になったあとだった。

12) Quand j'ai rencontré Marie, elle _____ déjà _____ son travail. (quitter)
僕がマリーに出会ったとき、彼女はもう仕事を辞めていた。

13) Quand j'ai rencontré Marie, nous _____ déjà _____ nos études.
(terminer)
僕がマリーに出会ったとき、僕たちはすでに学校を卒業していた。

14) Quand j'ai rencontré Marie, vous l'_____ déjà _____ . (rencontrer)
僕がマリーに出会ったとき、あなたはもうすでにマリーと出会っていたんだね。

15) Quand j'ai rencontré Marie, ils lui _____ déjà tout _____ . (prendre)
僕がマリーに出会ったとき、彼らがマリーからすべてを奪ったあとだった。

2. ( )の動詞を複合過去、半過去、大過去のいずれかに活用させましょう。

1) Quand je suis arrivé à l'aéroport, tu _____ déjà _____ . (partir)
僕が空港に着いたとき、君はもういなかった。

2) Lorsque je _____ _____ au bar, il avait déjà bu dix verres. (arriver)
私がバーに着いたとき、彼はもう 10 杯飲んだ後だった。

3) Quand je t'ai appelée, tu _____ déjà _____ . (sortir)
僕が君に電話したとき、君はもう外出してしまっていた。

4) Quand elles avaient achevé une grosse tâche, elles _____ un verre
dans un bar. (prendre)
彼女たちは大きな仕事が終わったあとで、バーで一杯やったものだ。

5) Quand nous _____ _____ des achats, nous allions manger au restaurant.
(faire)
私たちはよくショッピングをしたあと、レストランで食事したものだ。

6) Jusqu'à ce moment-là, nous n'_____ jamais _____ à l'étranger. (voyager)
そのときまで、私たちは海外に旅行したことがなかった。

7) Avant-hier, Anne a appris qu'il _____ _____ à Paris. (venir)
一昨日アンヌは、彼がパリに来ていたということを知った。

8) Quand ma femme avait fini de travailler, nous _____ voir un film. (aller)
妻が仕事を終えたのち、私たちは映画を見に行ったものです。

9) Jusqu'alors, Akiko et Yukako n'_____ jamais _____ à Disneyland. (être)
そのときまでアキコとユカコは一度もディズニーランドに行ったことがなかった。

10) Alors que j'_____ m'excuser auprès de lui, elle l'avait déjà fait. (aller)
私が彼に謝ろうとしたときにはもう、彼女が謝っていた。

11) Je n'avais jamais douté de sa gentillesse jusqu'au jour où j'_____ _____
sa trahison. (apprendre)
彼の裏切りを知るその日まで、彼の優しさを疑ったことはありませんでした。

12) Jusqu'alors, Kenji _____ _____ sa vie en travaillant à temps partiel dans une épicerie. (gagner)
そのときまで、ケンジはコンビニでバイトしながら生計を立てていた。

13) Ils _____ _____ une vie paisible jusqu'au jour où ils ont rencontré Saki. (mener)
サキに出会ったその日までは彼らは平穏無事な生活を送っていたのだ。

14) Hier vous _____ déjà _____ cette tâche. (achever)
あなたは昨日の時点ですでにその仕事を終えていたのですね。

15) Jusqu'alors, nous n'_____ aucune idée de la façon dont mon père avait vécu. (avoir)
そのときまで、私たちは父がどのように生きてきたのか全く知らなかった。

3. **( )の動詞を大過去にしましょう。過去分詞の性数一致に注意してください。**

1) Désolée, j'ai perdu la longue lettre que tu m'_____ _____ . (écrire)
ごめん、君が書いてくれた長い手紙なくしてしまったわ。

2) Pour la Saint Valentin, je lui ai donné le chocolat que j'_____ _____. (préparer)
バレンタインに、私は彼に用意していたチョコレートをあげました。

3) Marine m'a demandé si j'_____ _____ un cadeau d'anniversaire à mon père. (offrir)
マリーヌは私に、私が父に誕生日プレゼントをあげたのか尋ねた。

4) Je me suis assurée que tu _____ bien _____ à la demande de notre client. (répondre)
私は君がちゃんとクライアントの要望に応えてくれたことを確認しました。

5) Je lui ai demandé s'il _____ _____ des bruits pendant la nuit. (entendre)
私は彼に夜中に何か物音を聞いたか尋ねた。

6) Michinaga m'a dit qu'il _____ _____ tous les volumes du *Dit du Genji*. (lire)
道長が「俺は『源氏物語』全巻を読破したぜ」と言ってきた。

7) Avez-vous donné au président les documents importants que nous vous _____ _____ ? (remettre)
私たちが渡した重要書類を社長に渡しましたか？

8) Elle ne voulait plus porter les vêtements qu'elle _____ _____ mignons avant. (trouver)
以前なら可愛いと思っていた服も、彼女はもう着たくないと思いました。

9) L'année dernière, nous avons ouvert la capsule temporelle que nous
_____ _____ il y a 20 ans. (enterrer)
昨年私たちは、20年前に埋めたタイムカプセルを開けた。

10) Les enseignants ont oublié les promesses qu'ils _____ _____ à leurs
élèves la veille. (faire)
先生たちは、前日に生徒たちとした約束を忘れてしまった。

4. 空欄を埋めて文を完成させましょう。

1) コーヒーが出てきたときには、もう私たちはケーキを食べ終わっていた。
_____ on nous ___ _____ du café, _____ _____ _____ _____ nos
gâteaux.

2) シュンはカナに、結婚前はどこで生活していたのか尋ねた。
Shun ___ _____ ___ Kana où _____ _____ _____ avant de se marier.

3) 彼女に出会うまでは、こんなに人を好きになったことはありませんでした。
___ _____ _____ _____ quelqu'un autant _____ de la rencontrer.

4) 学生時代に身につけた工学の知識をすっかり忘れてしまったのですね。
Vous _____ _____ toutes les _____ en ingénierie que _____
_____ _____ quand _____ _____ _____ .

5) ツアーガイドはあなたがまだ行っていないパリの美術館を尋ねた。
Ce guide touristique vous ___ _____ quel musée parisien _____
n'_____ _____ _____ _____ .

練 習 問 題 解 答

1. 1) avais / fini　2) avait / arrêté　3) était / allé　4) était / arrivée
5) avions / dîné　6) étiez / entré(e)s　7) était / parti　8) avaient / fait
9) avais / acheté　10) avais / changé　11) était / devenu
12) avait / quitté　13) avions / terminé　14) aviez / rencontrée
15) avaient / pris

2. 1) étais / parti　2) suis arrivé(e)　3) étais / sortie　4) prenaient
5) avions fait　6) avions / voyagé　7) était venu　8) allions
9) avaient / été　10) allais　11) ai appris　12) avait gagné
13) avaient mené　14) aviez / achevé　15) avions eu

3. 1) avais écrite　2) avais préparé　3) avais offert　4) avais / répondu
5) avait entendu　6) avait lu　7) avions remis　8) avait trouvés
9) avions enterrée　10) avaient faites

4. 1) Quand on nous a servi du café, nous avions déjà fini nos gâteaux.
2) Shun a demandé à Kana où elle avait vécu avant de se marier.
3) Je n'avais jamais aimé quelqu'un autant avant de la rencontrer.
4) Vous avez oublié toutes les connaissances en ingénierie que vous aviez acquises quand vous étiez étudiant.
5) Ce guide touristique vous a demandé quel musée parisien vous n'aviez pas encore visité.

代名動詞とは、常に再帰代名詞を伴う動詞のことである。再帰代名詞は主語と同じ人・物を指し、直接目的語・間接目的語の役割を果たす。たとえば、他動詞 coucher は寝かせるという意味だが、代名動詞の se coucher は、寝る（自分自身を寝かせる）という意味になる。

主語人称代名詞	再帰代名詞	主語人称代名詞	再帰代名詞
je	me (m')	nous	nous
tu	te (t')	vous	vous
il / elle	se (s')	ils / elles	se (s')

再帰代名詞の1, 2人称の形は、人称代名詞の直接目的語・間接目的語の形と同じであるが、3人称は単数も複数も se になる。

se coucher　寝る		**s'appeler**　名前は〜である	
je me couche	nous nous couchons	je m'appelle	nous nous appelons
tu te couches	vous vous couchez	tu t'appelles	vous vous appelez
il / elle　se couche	ils / elles　se couchent	il / elle　s'appelle	ils / elles　s'appellent

代名動詞の用法

1. 再帰用法

再帰代名詞が直接目的語、間接目的語の役割を果たし、「自分を〜する」、「自分に〜する」と解釈できる用法。

Les habitants de ce village **se lèvent** très tôt.

この村の住民は早起きだ。（直接目的語）

On **se promène** dans le jardin ?　庭を散歩しましょうか？（直接目的語）

Elle **se demande** ce qu'elle va acheter comme souvenirs.

彼女はお土産に何を買おうかあれこれ考えている。（間接目的語）

Je **me dis** que c'est moi qui suis le meilleur.

私は自分が一番だと心に思っている。（間接目的語）

直接目的語が身体の部位である場合、間接目的語の再帰代名詞により直接目的語が主語の身体の一部であることを表す。

Nous **nous lavons** les mains avant de manger.　食事をする前に私たちは手を洗う。

Tu vas **te couper** les cheveux ?　髪を切るつもりなの？

2. 相互用法

主語は人・生物の複数形で、「お互いに〜する」と解釈できる用法。再帰代名詞は構文によって、直接目的語、間接目的語のどちらかの役割を果たす。

Marie et Paul **s'entendent** très bien.　マリーとポールは仲良くしている。(直接目的語)
On **se tutoie** ?
　　　お互いくだけた話し方で話す(相手を tu と呼び合う)ようにしませんか？ (直接目的語)
Nous **nous téléphonons** souvent.　私たちはお互いによく電話をします。(間接目的語)
Vous **vous envoyez** des e-mails ?
　　　　　　　　　あなた方は e メールでやりとりしていますか。(間接目的語)

3. 受動用法

　主語は意思を持たない物や事柄で、「〜される」と受動的に解釈できる用法。再帰代名詞は直接目的語と見なす。主語の一般的な性質や属性を表現し、主として直説法現在、半過去で用いられる。「〜するものだ」と習慣や規範を示したり、難易度を表す副詞を伴って「〜できる」と可能性を示すこともある。

Ce mot **se prononce** comment ?　この単語はどう発音しますか？
Ces champignons ne **se mangent** pas.　これらのキノコは食べられません。
Le vin blanc **se boit** frais.　白ワインは冷やして飲むものだ。
Cela **se comprend** facilement.　このことは容易に理解できる。

4. 自発用法

　主語は意思を持たない物や事柄で、出来事を「自然に起こる」と捉えて解釈できる用法。再帰代名詞は直接目的語と見なす。

Cette mauvaise herbe **se propage** rapidement.　この雑草はすぐに広がる。
Une fenêtre **s'ouvre** automatiquement sur l'écran.
　　　　　　　　　　　　画面上でひとつのウィンドウが自動的に開く。
Nos livres **se vendent** bien cette année.　私たちの本は今年よく売れている。

5. 本来的用法

　元の動詞と意味が異なったり、代名動詞しか形がない動詞がある。前置詞を伴って熟語的に用いられるものが多い。再帰代名詞は直接目的語と見なす。

Vous **vous en allez** toute seule. ?　一人で出て行くのですか。(s'en aller 立ち去る)
Je **me doute de** ce que vous pensez.
　　　あなたが考えていることは予想がつく。(se douter de 予想する、予期する、気づく)
Nous ne **nous attendons** pas **à** un tel événement.
　　　　　　　私たちはこんな事態を予想していない。(s'attendre à 予想する、予期する)
Ils **se moquent de** moi.
　　　　　　　　　彼らは僕をばかにしている。(se moquer de ばかにする、無視する)
Tu **te souviens de** ton enfance ?
　　　　子どものときのことを覚えていますか？ (se souvenir de 思い出す、覚えている)
Il **se sert de** son portable pour écouter la radio.
　　　　　　　　　彼はラジオを聞くのに携帯を使っている。(se servir de 使う)
Les voleurs **s'enfuient** en voiture.　泥棒たちは車で逃走する。(s'enfuir 逃走する)

1. 再帰代名詞にも注意して（ ）の中の動詞を現在形にしましょう。

1) Tu ___ _____ à minuit. (*se coucher*)
   君は午前 0 時に寝る。

2) On ___ _____ à neuf heures ce soir. (*se coucher*)
   今夜は 9 時に寝ましょう。

3) À quelle heure _____ _____ -vous ? (*se coucher*)
   あなたは何時に就寝されますか？

4) Où _____ _____ -vous habituellement ? (*se promener*)
   あなたはいつもどこでお散歩しますか。

5) Mes frères ___ _____ tous les matins. (*se raser*)
   弟たちは毎朝ひげをそる。

6) Le professeur ___ _____ aux étudiants lors de la première classe.
   (*se présenter*)
   初回の授業で先生は学生たちに自己紹介する。

7) J'ai un ami qui _____ Jérémie. (*s'appeler*)
   私にはジェレミーという友達がいます。

8) Je _____ _____ les cheveux avant de sortir. (*se peigner*)
   私は出かける前に髪をとかします。

9) Nous _____ _____ les mains dès que nous rentrons chez nous.
   (*se laver*)
   家に帰ったらすぐに手を洗おう。

10) Est-ce que vous _____ _____ à la culture francophone ?
    (*s'intéresser*)
    フランス語圏の文化に興味はありますか？

11) Ces énormes bâtiments ___ _____ dans le quartier d'Umeda.
    (*se trouver*)
    それらの巨大なビル群は梅田界隈にあります。

12) Mayumi ___ _____ ce qu'elle veut vraiment devenir. (*se demander*)
    マユミは自分が本当は何になりたいのか自問する。

13) En été, nous _____ _____ légèrement. (*s'habiller*)
    私たちは夏には薄着します。

14) Mon père ___ _____ le bras droit au gymnase. (*se casser*)
    スポーツジムで父が右腕を骨折する。

2. 再帰代名詞にも注意して ( ) の中の動詞を現在形にしましょう。

1) Depuis quand ＿＿＿＿ ＿＿＿＿ -vous ? (se connaître)
   あなたたちはいつからの知り合いなの？

2) Masao et Yukio ＿＿ ＿＿＿＿ depuis qu'ils étaient étudiants.
   (se connaître)
   マサオとユキオは学生時代からの付き合いだ。

3) Elles ＿＿＿＿ des messages courts par SMS. (s'écrire)
   彼女たちは SMS でメッセージを書きあう。

4) Au Japon, on ne ＿＿＿＿ pas souvent dans la rue. (s'embrasser)
   日本ではあまり路上でキスはしない。

5) Elles ＿＿ ＿＿＿＿ . (se saluer)
   彼女たちは挨拶を交わす。

6) John et Yoko ＿＿＿＿ profondément. (s'aimer)
   ジョンとヨーコは深く愛し合っている。

7) On ＿＿ ＿＿＿＿ à partir de maintenant. (se tutoyer)
   これからは敬語はなしにしましょう。

8) On ＿＿ ＿＿＿＿ . (se réconcilier)
   仲直りしましょう。

9) Mes amis et moi ＿＿＿＿ ＿＿＿＿ de nos nouvelles. (se donner)
   友人たちと私は連絡を取り合っています。

10) Les pôles S et N d'un aimant ＿＿＿＿ mutuellement. (s'attirer)
    磁石の S 極と N 極は互いに引き合う。

11) Les joueurs ＿＿ ＿＿＿＿ mutuellement de leurs bonnes performances.
    (se féliciter)
    選手たちが互いの健闘を称えあっています。

12) Il me semble que vous ＿＿＿＿ ＿＿＿＿ très bien. (s'entendre)
    私が思うに、あなたたちはとても仲良くやっていますね。

3. 再帰代名詞にも注意して ( ) の中の動詞を現在形にしましょう。

1) Cette phrase ＿＿ ＿＿＿＿ comment ? (se prononcer)
   この文はどのように発音しますか？

2) La langue russe ＿＿ ＿＿＿＿ au Kazakhstan. (se parler)
   ロシア語はカザフスタンで話されている。

3) Le fromage ＿＿ ＿＿＿＿ avec le vin. (se manger)
   チーズはワインと一緒に食べるものです。

4) La bière ____ _____ fraîche. (se boire)
ビールは冷やして飲むものだ。

5) Les boissons gazeuses ____ _____ fraîches. (se boire)
炭酸飲料は冷やして飲むものだ。

6) Cette robe ____ _____ bien cet été. (se vendre)
このワンピースはこの夏よく売れる。

7) Les échecs ____ _____ à deux. (se jouer)
チェスは二人でやるゲームだ。

8) Cette moto _____ facilement. (s'entretenir)
このオートバイは手入れが簡単だ。

9) L'histoire ____ _____ . (se répeter)
歴史は繰り返される。

10) Le coton ____ _____ facilement. (se laver)
コットンは洗いやすい。

11) Ce papillon ____ _____ à la couleur de son aile. (se reconnaître)
この蝶は羽の色でほかの蝶と見分けられる。

12) Un verre à vin fin ____ _____ facilement. (se briser)
繊細なワイングラスはすぐ割れる。

13) Cette vieille expression ne (s'employer) _____ plus.
この古い表現はもう使われない。

14) Ces livres (se lire) ____ _____ aisément.
これらの本は簡単に読めます。

4. 再帰代名詞にも注意して（　）の中の動詞を現在形にしましょう。

1) Le TGV ne _____ pas à Amiens. (s'arreter)
TGV はアミアンには止まらない。

2) Le temps _____ pendant que je prends un thé au café. (s'améliorer)
喫茶店で紅茶を飲んでいる間に天気がよくなる。

3) Les espaces verts de cette ville ____ _____ d'année en année.
(se réduire)
その街の緑地は年々縮小されていく。

4) Les fenêtres _____ à la brise et une coccinelle entre dans la
pièce. (s'ouvrir)
そよ風で窓が開き、テントウムシが 1 匹部屋に入ってくる。

5) Lorsque l'huile vieillit, elle _____ . (s'oxyder)
油は古くなると酸化する。

6) La tache de vin _____ rapidement sur le drap de lit. (s'étendre)
ワインのシミがすぐにシーツに広がる。

7) La lumière des bougies _____ . (s'éteindre)
ろうそくの灯が消えかかっている。

8) Le vent ____ _____ ! ... Il faut tenter de vivre.（Paul Valéry, *Le Cimetière marin*）(se lever)
風が起こる！　さあ生きねばならない。（ポール・ヴァレリー「海辺の墓地」）

9) Mon chien (se réveiller) ____ _____ naturellement à six heures du matin.
うちの犬は朝6時になると自然と目を覚まします。

10) Une nouvelle vague d'activité (se produire) ____ _____ dans le monde des affaires.
経済界で新たな波が発生している。

5. 空欄に適切な再帰代名詞と動詞の直説法現在を入れて、会話を完成させましょう。

1) À quoi _____ _____ - vous maintenant ?
– Je m'intéresse à la musique rock.

2) À quelle heure est-ce que tu te lèves tous les matins ?
– Je ____ _____ à six heures et demi.

3) Combien de fois par jour vous brossez-vous les dents ?
– Je ____ _____ les dents deux fois par jour.

4) Vous vous voyez encore souvent depuis la fin de vos études ?
– Non, on ne ____ _____ que pendant les vacances.

5) Vous _____ _____ votre enfance ?
– Non, je ne me rappelle pas de grand-chose.

6) Comment vos parents ____ _____ -ils ?
– Ils se portent bien, merci beaucoup.

6. 下から適切な動詞を選んで、直説法現在に活用させて文を完成させましょう。

> s'agir　s'aller　s'attendre　se moquer　se passer　se servir

1) Je ne veux plus jamais te revoir. Tu __ en __ tout de suite !
お前の顔などもう二度と見たくない。今すぐ消えろ！

2) Personne ne _____ à ce que Takeru ne vienne pas à la fête.
タケルがパーティーに来ないなんて、誰も予想していない。

3) Il ___ _____ de mon téléphone portable sans ma permission.
彼は私の携帯電話を勝手に使っている。

4) Je ne ___ _____ pas de l'examen de la vue lors de la visite médical.
健康診断のとき、視力検査なしで済ませる。

5) Tout d'abord, lisez attentivement ce texte. Il _____ d'un article sur l'autosuffisance alimentaire.
まずはこの文章をよく読んでください。食料自給率についての記事です。

6) Vous _____ _____ de moi ?
あなたは私を馬鹿にしているのですか？

7. 空欄を埋めて文を完成させましょう。

1) あなたたちは互いに尊敬しなくてはなりません、違いますか？
_____ _____ _____ _____ l'un _____ , non ?

2) 彼女たちはあの日以来口をきいていない。
_____ ___ ___ _____ plus _____ ce jour.

3) これどう書くの？
Ça _____ _____ ?

4) このファミリーカーは駐車が簡単です。
Cette _____ familiale ___ ____ _____ .

5) 今どのような気分ですか？ － 彼からの便りを得て安心しています。
_____ _____ _____ - _____ maintenant ? －___ ___ _____ en ayant de ses nouvelles.

練 習 問 題 解 答

1. 1) te couches　2) se couche　3) vous couchez　4) vous promenez
5) se rasent　6) se présente　7) s'appelle　8) me peigne
9) nous lavons　10) vous intéressez　11) se trouvent　12) se demande
13) nous habillons　14) se casse

2. 1) vous connaissez　2) se connaissent　3) s'écrivent　4) s'embrasse
5) se saluent　6) s'aiment　7) se tutoie　8) se réconcilie
9) nous donnons　10) s'attirent　11) se félicitent　12) vous entendez

3. 1) se prononce　2) se parle　3) se mange　4) se boit　5) se boivent
6) se vent　7) se jouent　8) s'entretient　9) se répète　10) se lave
11) se reconnaît　12) se brise　13) s'emploie　14) se lisent

4. 1) s'arrête　2) s'améliore　3) se réduisent　4) s'ouvrent　5) s'oxyde
6) s'étend　7) s'éteint　8) se lève　9) se réveille　10) se produit

5. 1) vous intéressez　2) me lève　3) me brosse　4) se voit
5) vous rappelez　6) se portent

[和訳] 1) 今、何に興味がありますか？　－ 私はロックに興味があります。
2) 毎朝君は何時に起きますか？　－ ６時半に起きます　3) 一日に何回歯を磨
きますか？　－ 一日に２回磨きます。　4) 卒業してもあなたたちはよく会う
のですか？　－ いいえ、休暇中にしか会いません。　5) あなたは子どもの頃
のことを覚えていますか？　－ いいえ、あまり覚えていません。　6) ご両親
はお元気ですか？　－ 元気です。どうもありがとうございます。

6. 1) t' / vas　2) s'attend　3) se sert　4) me passe　5) s'agit
6) vous moquez

7. 1) <u>Vous</u> <u>devez</u> <u>vous</u> <u>respecter</u> l'un l'autre, non ?
2) <u>Elles</u> <u>ne</u> <u>se</u> <u>parlent</u> plus <u>depuis</u> ce jour.
3) Ça <u>s'écrit</u> <u>comment</u> ?
4) Cette <u>voiture</u> familiale <u>se</u> <u>gare</u> <u>facilement</u>.
5) <u>Comment</u> <u>vous</u> <u>sentez-vous</u> maintenant ? － <u>Je</u> <u>me</u> <u>rassure</u> en ayant de
ses nouvelles.

10 代名動詞
複合過去

代名動詞は時制の助動詞として必ず être をとる。

> 再帰代名詞 + **être** の直説法現在形 + 過去分詞

se coucher 寝る（再帰代名詞は直接目的語）	
je me suis couché(e)	nous nous sommes couché(e)s
tu t'es couché(e)	vous vous êtes couché(e)(s)
il s'est couché	ils se sont couchés
elle s'est couchée	elles se sont couchées

代名動詞の用法のうち受動用法は、一般的な性質や属性を表現する用法なので、個別の出来事を表現する複合過去にはなじまない。

過去分詞の一致

過去分詞は再帰代名詞が直接目的語のとき主語の性・数に一致する。間接目的語のときは変化しない。

1. 再帰用法

Elle **s'est couchée** à dix heures. 彼女は 10 時に寝た。（直接目的語）
Nous **nous sommes promenés** dans le jardin.
私たちは庭を散歩した。（直接目的語）
Elle **s'est demandé** si elle devait partir pour les États-Unis avec lui.
彼と一緒にアメリカに出発すべきかどうか彼女は躊躇した。（間接目的語）

・身体の部位の所有者を示す間接目的語
Elle **s'est coupé** les cheveux. 彼女は髪を切った。（間接目的語）
Les enfants **se sont brossé** les dents. 子供達は歯をみがいた。（間接目的語）

2. 相互用法

Ils **se sont regardés** l'un l'autre. 彼らはお互い見つめあった。（直接目的語）
Ils **se sont téléphoné** l'un à l'autre.
彼らはお互いに電話をかけあった。（間接目的語）

3. 自発用法

過去分詞は一致する。

Les branches *se sont cassées* à cause du vent.　風のせいで枝が折れた。

En trente ans, cette ville *s'est agrandie*.　30年でこの町は発展した。

4. 本来的用法

過去分詞は一致する。

Ils *s'en sont allés* sans faire de bruit.　彼らは音も立てずに立ち去った。

Nous **nous sommes approchés** de cette maison.　我々はその家に近づいた。

1. 再帰代名詞にも注意して ( ) の中の動詞を複合過去形にしましょう。

1) Après le dîner, mes filles ___ _____ _____ les dents. (se brosser)
   夕食の後、娘たちは歯を磨いた。

2) Ce matin, je ne ___ _____ pas _____ les dents. (se brosser)
   今朝、私は歯を磨かなかった。

3) Keiko, à quelle heure _____ -tu _____ hier matin ? (se lever)
   ケイコ、昨日の朝何時に起きた？

4) Dimanche dernier, les enfants et moi _____ _____
   _____ tôt pour aller faire un pique-nique. (se lever)
   先週の日曜日、子どもたちと私はピクニックに行くために早起きしました。

5) Le jour de la fête sportive, ma mère et ma sœur ___ _____ _____ à
   5h30 et ont préparé mon déjeuner. (se lever)
   運動会の日、お母さんとお姉ちゃんが5時半に起きてお弁当を作ってくれました。

6) Mes colocataires et moi _____ _____ _____ à la fac.
   (se rencontrer)
   僕とルームメイトは大学で出会った。

7) Gauguin et Van Gogh, deux génies, ___ _____ _____ à Paris.
   (se rencontrer)
   ゴーギャンとゴッホ、二人の天才はパリで出会った。

8) Marie, Sophie, quand _____ _____ -vous _____ ? (se rencontrer)
   マリー、ソフィー、君たちはいつ出会ったの？

9) Hier soir nous _____ _____ _____ pour une réunion d'affaires.
   (se téléphoner)
   昨夜私たちは仕事の打ち合わせのために電話した。

10) Ma mère et ma sœur ___ _____ _____ pour se donner de leurs
    nouvelles. (se téléphoner)
    母と妹は電話をして近況を報告した。

2. 再帰代名詞にも注意して ( ) の中の動詞を複合過去形にしましょう。

1) Le policier _____ _____ lors de la poursuite du criminel. (se blesser)
   その警察官は犯人を追っている途中けがをした。

2) Les filles ! Vous _____ _____ bien _____ les mains avant le dîner ?
   (se laver)
   娘たち！晩ご飯の前にちゃんと手を洗ったの？

3) Je ____ _____ _____ une bague en récompense de mon dur travail.
(s'acheter)
頑張ったご褒美に自分で指輪を買った。

4) Mon mari et moi _____ _____ bien _____ pour cette fête. (s'habiller)
夫と私はそのパーティーのためにおしゃれをした。

5) Yuki et Maki, vous avez passé une bonne soirée ?
—Oui, nous _____ _____ bien _____ ! (s'amuser)
ユキ、マキ、楽しい夜を過ごしましたか？ －はい、すごく楽しかったです！

6) Nous _____ _____ _____ à dix heures la veille de la présentation.
(se coucher)
発表会の前日、私たちは 10 時に寝た。

7) Est-ce que tu _____ bien _____ aux invités, Emma ? (se présenter)
エマ、ちゃんとお客様たちに自己紹介したかい？

8) En terminant cette tâche difficile, Louis _____ _____ : «Je suis un génie».
(se dire)
この難しい仕事を終わらせたとき、ルイは、「俺って天才」と一人つぶやいた。

9) Les deux ouvriers ____ _____ _____ avant de se rendre sur le chantier.
(se contacter)
二人の作業員は工事現場へ出向く前に連絡を取り合った。

10) Ma mère et ma sœur ____ _____ _____ ce jour-là. (se battre)
母と姉はその日、大ゲンカした。

11) Pendant vingt ans, moi et mon cousin _____ _____ _____
des cadeaux d'anniversaire. (s'envoyer)
20 年もの間、私といとこは誕生日プレゼントを送りあった。

12) Vous _____ _____ bien _____ pendant vos trois mois de lune de miel.
(s'entendre)
新婚 3 か月の間あなたたちは仲良くやっていた。

13) Mes parents ne ____ _____ pas _____ de ce qu'ils m'avaient dit ce
jour-là. (se souvenir)
私の両親は、あの日私に言ったことを覚えていなかった。

14) Marie-Antoinette et Madame du Barry ____ _____ toujours _____ .
(se disputer)
マリー・アントワネットとデュ・バリー夫人はずっと仲が悪かった。

3. 再帰代名詞にも注意して ( ) の中の動詞を複合過去形にしましょう。

1) La population du village _____ _____ d'année en année. (se réduire)
村の人口は年々減っていった。

2) À cause du grand tremblement de terre, un tsunami _____ _____.
(se produire)
大地震のせいで、津波が発生した。

3) Blanche-Neige _____ _____ dans la maison des sept nains.
(s'endormir)
白雪姫は7人の小人の家で眠ってしまいました。

4) En Australie, l'économie _____ _____ rapidement ces dernières
années. (se développer)
オーストラリアでは近年経済が急成長した。

5) L'infection _____ _____ rapidement. (se propager)
感染症は瞬く間に拡大した。

6) Trente ans ___ _____ _____ depuis cet événement. (s'écouler)
あの出来事から30年の時が流れた。

7) Frantz _____ _____ à rougir en voyant la belle Mathilde. (se mettre)
美しいマチルドを見て、フランツは顔を赤くしました。

8) Son français _____ beaucoup _____. Je suis sûr qu'elle travaille dur.
(s'améliorer)
彼女のフランス語はずいぶんよくなった。きっと努力しているのだろう。

9) Nous _____ _____ _____ à faire une maquette du pont à construire.
(se mettre)
僕たちは建設予定の橋の模型作りに着手した。

10) Je ___ _____ _____ d'elle parce qu'elle était trop honnête, mais avec
le temps, je comprends que j'avais tort. (se moquer)
僕は正直すぎる彼女のことを馬鹿にしたが、時が経って、それが間違いだった
と分かる。

11) Qu'est-ce qui _____ _____ ? (se passer)
何が起こったの？

12) Lorsque nous avons voyagé à Barcelone, mon mari et moi _____ _____
_____ à la Sagrada Familia. (se rendre)
バルセロナに旅行したとき、夫と私はサグラダファミリアへ行きました。

13) Quand nous avons voyagé ensemble, mes copines ___ _____ _____ de
mes produits cosmétiques. (se servir)
一緒に旅行に行ったとき、女友達が私の化粧品を使った。

14) Pendant trois mois, je ___ _____ _____ de m'entendre avec tout le monde, mais c'était impossible. (s'efforcer)
3か月間、私はみんなと仲良くしようと努めたが無理だった。

15) Ces projets ___ _____ _____ en raison d'un manque de budget. (se reduire)
これらのプロジェクトは予算不足のため縮小された。

16) Lors de cette réunion, nous _____ _____ _____ d'une rencontre sociale. (se passer)
今回の会合では、懇親会を行わずに済ませました。

4. 空欄を埋めて文を完成させましょう。

1) メダリストたちは表彰台の上で互いの健闘を称えあった。
___ médaillés ___ _____ _____ ___ ___ podium.

2) 以前、彼女はフランス文化に興味を持ったが、現在はアフリカの文化に大変興味を示している。
Avant, _____ ___ _____ à la culture _____ , et maintenant _____
montre un grand _____ _____ ___ _____ _____ .

3) 卒業式のとき、先生たちは様々なことを思い出しました。
Lors de ___ _____ de fin d'études, ___ _____ ___ _____
_____ ___ _____ de choses.

4) 今年の元旦、太陽は午前6時40分頃にのぼった。
___ _____ de l'an de cette année, ___ _____ _____ _____ vers 6h 40.

練 習 問 題 解 答

1. 1) se sont brossé   2) me suis / brossé   3) t'es / levée
4) nous sommes levés   5) se sont levées   6) nous sommes rencontrés
7) se sont rencontrés   8) vous êtes / rencontrées
9) nous sommes téléphoné   10) se sont téléphoné

2. 1) s'est blessé   2) vous êtes / lavé   3) me suis acheté
4) nous sommes / habillés   5) nous sommes / amusées
6) nous sommes couché(e)s   7) t'es / présentée   8) s'est dit
9) se sont contactés   10) se sont battues   11) nous sommes envoyés
12) vous êtes / entendus   13) se sont / souvenus   14) se sont / disputées

3. 1) s'est réduite   2) s'est produit   3) s'est endormie
4) s'est développée   5) s'est propagée   6) se sont écoulés   7) s'est mis
8) s'est / amélioré   9) nous sommes mis   10) me suis moqué
11) s'est passé   12) nous sommes rendus   13) se sont servies
14) me suis efforcé(e)   15) se sont réduits   16) nous sommes passés

4. 1) Les médaillés se sont félicités sur le podium.
2) Avant, elle s'est intéressée à la culture française, et maintenant elle
montre un grand intérêt pour la culture africaine.
3) Lors de la cérémonie de fin d'études, les enseignants se sont souvenus
de beaucoup de choses.
4) Le jour de l'an de cette année, le soleil s'est levé vers 6h 40.

ほぼすべての動詞で、直説法現在と活用形は同じである。主語人称代名詞の tu, vous, nous はつけない。

tu の活用で、直説法現在の語尾が -es, -as の場合には s をつけない。

	chanter	**finir**	**ouvrir**	**aller**	**voir**	**prendre**
(tu)	chante	finis	ouvre	va	vois	prends
(nous)	chantons	finissons	ouvrons	allons	voyons	pronons
(vous)	chantez	finissez	ouvrez	allez	voyez	prenez

特殊な活用形

	être	**avoir**	**savoir**	**vouloir**
(tu)	sois	aie	sache	veuille
(nous)	soyons	ayons	sachons	veuillons
(vous)	soyez	ayez	sachez	veuillez

Aie du courage. 元気を出して。
Soyons gentils envers tout le monde. みんなに優しくしましょう。
Sachez vos limites. 自らの限界を知りなさい。
Ne **parlez** pas de lui. 彼のことは話題にしないでください。

目的語人称代名詞・再帰代名詞（代名動詞の場合）の語順

1. 肯定命令文

動詞の直後に目的語人称代名詞を置き、トレデュニオン（-）で結ぶ。直接目的語、間接目的語の順となる。me, te が最後に来るときは moi, toi となる。

Vous me les donnez. → Donnez-les-moi. それらを私に与えてください。
Nous le lui montrons. → Montrons-le-lui. それを彼に見せましょう。
Tu te dépêches. → Dépêche-toi. 急げ。

2. 否定命令文

平叙文と同じ語順で、動詞の直前に目的語人称代名詞を置く。優先順位は [me, te, nous, vous] → [le, la, les] → [lui, leur] である。

Vous ne me les donnez pas. → Ne me les donnez pas.
それらを私に与えないでください。
Nous ne le lui montrons pas. → Ne le lui montrons pas.
それを彼に見せないようにしよう。
Tu ne te dépêches pas. → Ne te dépêche pas. 急ぐな。

1. 命令法の活用表を完成させましょう。

	donner	prendre	faire	être	avoir
(tu)					
(vous)					
(nous)					

2. （ ）の中の動詞を命令法にしましょう。

1) _____ plus vite ! Tu vas rater le train ! (courir)
速く走って！ 電車に間に合わないよ！

2) Maintenant, _____ cuire ce poulet à la vapeur pendant 10 minutes. (faire)
これから 10 分この鶏肉を蒸します。

3) _____ la marmite avec un couvercle. (couvrir)
鍋に蓋をしてください。

4) Ne _____ pas ton père. Il est au travail. (déranger)
お父さんの邪魔をしてはいけないよ。お仕事中なんだから。

5) _____ un gâteau ensemble pour la fête de demain. (faire)
明日のパーティーの為にいっしょにケーキを作りましょう。

6) _____ en lui ! (croire)
彼のことを信じましょう。

7) Mon frère et moi sommes en retard. _____ un moment s'il vous plaît. (attendre)
私と弟は遅刻していきます。ちょっと待っていてください。

8) Ne _____ jamais à tes amis. (mentir)
決して仲間に嘘をつくな。

9) _____ que les tomates sont très nutritives. (savoir)
トマトには栄養がたくさん含まれているということを知りなさい。

10) _____ consulter le fichier joint pour plus de détails. (vouloir)
詳細は添付ファイルをご参照ください。

11) Vous avez fait tout ce chemin. Ne _____ pas en arrière. (retourner)
あなたはここまで来たのですから、もう引き返してはいけません。

12) C'est dangereux par ici. Ne _____ pas. (venir)
こっちは危険です。来てはいけませんよ。

3. 日本語の意味になるように、**être** もしくは **avoir** の命令法を空欄に入れましょう。

1) _____ gentils avec nos amis.
   友達には優しくしましょう。

2) _____ gentil avec tes amis.
   友達に優しくしなさい。

3) _____ de la gentillesse avec tout le monde.
   みんなに優しくしよう。

4) _____ du courage.
   勇気を出してください。

5) _____ du courage.
   勇気を出せ。

6) Ne _____ pas méchants avec les autres.
   他人に意地悪してはいけませんよ。

7) N' _____ pas peur de ton patron.
   上司を怖がるな。

8) _____ positif, et de nouveaux horizons s'ouvriront à vous.
   前向きでいてください、そうすればあなたの人生は開けるでしょう。

9) _____ patient pour le moment.
   今は我慢しなさい。

10) Ne _____ pas avide. Tu vas perdre de vue ce qui est important.
    欲張るな。大事なものを見失うよ。

11) _____ diligent. Mais parfois, il faut vous relâcher.
    勤勉でありなさい。でも時々はサボりなさい。

12) N'_____ pas trop de fierté.
    慢心するな。

4. 再帰代名詞にも注意して（ ）の中の動詞を命令法にしましょう。

1) _____ - _____ à 6h30 demain. (se lever)
   明日 6 時半に起きましょう。

2) _____ - _____ à 6h30 demain. (se lever)
   明日 6 時半に起きなさい。

3) _____ - _____ toujours les mains en rentrant chez nous. (se laver)
   家に帰ったら必ず手を洗おう。

4) _____ - _____ bien ce jour-là. (se rappeler)
   あの日のことをよく思い出してください。

5) _____ - _____ de ces épices pour donner un meilleur goût à votre curry. (se servir)
カレーをもっと美味しくするには、このスパイスを使ってください。

6) Ne _____ _____ pas dans cette forêt. (se rendre)
あの森に行ってはいけません。

7) Emi, Yuko, ne _____ _____ pas ! (se disputer)
エミ、ユウコ、喧嘩しないの！

8) Ne _____ _____ plus. (se battre)
もう喧嘩はやめましょう。

5. 正しい文になるように【 】の語を並べ替えましょう。

1) _____ - _____ _____ _____ dès que possible.
[courriel écrivez lui un]

2) _____ - _____ _____ .
[Minori moi présente]

3) _____ - _____ _____ _____ _____ .
[à la parents présente tes]

4) _____ - _____ _____ _____ .
[bouquet ce donnons lui]

5) Ce sac est si mignon. _____ - _____ _____ _____
[à Amelie donnons le]

6) _____ _____ _____ _____ _____ .
[jamais lui ne parlez plus]

6. 空欄を埋めて文を完成させましょう。

1) 他人の失敗を笑ってはいけません。

_____ _____ _____ _____ erreurs _____ _____ .

2) 先のことを心配するな。

_____ _____ _____ _____ l'avenir.

3) その件については彼に質問してください。

_____ - _____ _____ _____ à ce sujet.

4) この段ボール、どこにおけばいいかしら？ － その棚の横に置いてください。

_____ _____ - _____ _____ ce carton ?

－_____ - _____ _____ _____ _____ l'étagère.

練 習 問 題 解 答

1.

	donner	*prendre*	*faire*	*être*	*avoir*
(tu)	donne	prends	fais	sois	aie
(vous)	donnez	prenez	faites	soyez	ayez
(nous)	donnons	prenons	faisons	soyons	ayons

2. 1) Cours　2) faites　3) Couvrez　4) dérange　5) Faisons　6) Croyons
7) Attendez　8) mens　9) Sache　10) Veuillez　11) retournez　12) viens

3. 1) Soyons　2) Sois　3) Ayons　4) Ayez　5) Aie　6) soyez　7) aie
8) Soyez　9) Sois　10) sois　11) Soyez　12) aie

4. 1) Levons-nous　2) Lève-toi　3) Lavons-nous　4) Rappelez-vous
5) Servez-vous　6) te rends / vous rendez　7) vous disputez
8) nous battons

5. 1) Écrivez-lui un courriel dès que possible.
2) Présente-moi Minori.
3) Présente-la à tes parents.
4) Donnons-lui ce bouquet.
5) Donnons-le à Amelie.
6) Ne lui parlez plus jamais.

［和訳］1）一刻も早く彼にメールで連絡してください。
2）ミノリを私に紹介してよ。
3）彼女のこと、ご両親に紹介しなさいよ。
4）この花束を彼に贈りましょう。
5）あのバッグとてもかわいいね。あれをアメリにあげようよ。
6）彼と二度と話さないで。

6. 1) Ne riez pas des erreurs des autres.
2) Ne t'inquiète pas pour l'avenir.
3) Posez-lui la question à ce sujet.
4) Où dois-je mettre ce carton ?　— Mettez-le à côté de l'étagère.

未来
直説法単純未来・前未来

直説法単純未来

◎単純未来の語尾

すべての動詞に共通である。r + [avoir の直説法現在の活用語尾] と考えるとよい。

je -**rai**	nous -**rons**
tu -**ras**	vous -**rez**
il / elle -**ra**	ils / elles -**ront**

◎単純未来の語幹

・être, avoir は特別な語幹をもつ。　être → se　avoir → au

être		avoir	
je serai	nous serons	j' aurai	nous aurons
tu seras	vous serez	tu auras	vous aurez
il / elle sera	ils / elles seront	il / elle aura	ils / elles auront

・er 動詞：-e□er 型の動詞も含めすべての er 動詞で、語幹は直説法現在 1 人称単数の活用形と同じである。aimer → aime　chanter → chante　acheter → achète　appeler → apelle

chanter		acheter	
je chanterai	nous chanterons	j' achèterai	nous achèterons
tu chanteras	vous chanterez	tu achèteras	vous achèterez
il / elle chantera	ils / elles chanteront	il / elle achètera	ils / elles achèteront

・ir 動詞：不定詞から語末の r を取る。finir → fini　partir → parti　offrir → offri
ただし、-enir タイプは -iend となるので注意。tenir → tiend　venir → viend

finir		partir	
je finirai	nous finirons	je partirai	nous partirons
tu finiras	vous finirez	tu partiras	vous partirez
il / elle finira	ils / elles finiront	il / elle partira	ils / elles partiront

ouvrir		venir	
j' ouvrirai	nous ouvrirons	je viendrai	nous viendrons
tu ouvriras	vous ouvrirez	tu viendras	vous viendrez
il / elle ouvrira	ils / elles ouvriront	il / elle viendra	ils / elles viendront

・aller → i　faire → fe　dire → di

・oir 動詞：不定詞から語末の oir を取ったものが語幹になる。devoir → dev
pleuvoir → pleuv　recevoir → recev　pleuvoir → pleuv
　　ただし、以下の動詞は語幹が特殊。falloir → faud　pouvoir → pour
savoir → sau　valoir → vaud　voir → ver　vouloir → voud

aller		faire	
j' irai	nous irons	je ferai	nous ferons
tu iras	vous irez	tu feras	vous ferez
il / elle ira	ils / elles iront	il / elle fera	ils / elles feront

dire		devoir	
je dirai	nous dirons	je devrai	nous devrons
tu diras	vous direz	tu devras	vous devrez
il / elle dira	ils / elles diront	il / elle devra	ils / elles devront

pouvoir		savoir	
je pourrai	nous pourrons	je saurai	nous saurons
tu pourras	vous pourrez	tu sauras	vous saurez
il / elle pourra	ils / elles pourront	il / elle saura	ils / elles sauront

voir		vouloir	
je verrai	nous verrons	je voudrai	nous voudrons
tu verras	vous verrez	tu voudras	vous voudrez
il / elle verra	ils / elles verront	il / elle voudra	ils / elles voudront

・re 動詞：不定詞から語末の re を取ったものが語幹になる。connaître → connaît
écrire → écri　lire → li　mettre → mett　prendre → prend　rendre → rend

connaître		lire	
je connaîtrai	nous connaitrons	je lirai	nous lirons
tu connaîtras	vous connaîtrez	tu liras	vous lirez
il / elle connaîtra	ils / elles connaîtront	il / elle lira	ils / elles liront

mettre		prendre	
je mettrai	nous mettrons	je prendrai	nous prendrons
tu mettras	vous mettrez	tu prendras	vous prendrez
il / elle mettra	ils / elles mettront	il / elle prendra	ils / elles prendront

◎単純未来の用法

　今の時点から見て、未来に起きるであろう出来事や予定、未来の時点で起きているであろう事態を表す。主語が2人称の場合、命令や依頼のニュアンスを帯びる。

　Il **fera** beau dans trois jours.　3日後に晴れるでしょう。

　Je **prendrai** le bus pour aller au musée.

私は博物館に行くのにバスを使うつもりです。

　Tu **reviendras** avant six heures.　6時までに戻ってくるんですよ。

　si のあとは、未来を表す場合も単純未来ではなく現在形を使う。

　S'il fait beau demain, nous **irons** faire un pique-nique.

もし明日天気がよければ、私たちはピクニックに行くでしょう。

直説法前未来

◎前未来の形

時制の助動詞（直説法単純未来）＋ 過去分詞

・複合過去と同様、複合時制である。

・時制の助動詞は avoir もしくは être で、どちらを使うかは複合過去の場合と同じ。

chanter 歌う（助動詞 **avoir**）		aller 行く（助動詞 **être**）	
j' aurai chanté	nous aurons chanté	je serai allé(e)	nous serons allé(e)s
tu auras chanté	vous aurez chanté	tu seras allé(e)	vous serez allé(e)(s)
il aura chanté	ils auront chanté	il sera allé	ils seront allés
elle aura chanté	elles auront chanté	elle sera allée	elles seront allées

時制の助動詞が être のとき、過去分詞は主語に性・数一致する。

◎前未来の用法

　未来の時点から見て、すでに完了している行為・出来事を表す。

　Quand vous arriverez à l'usine, les ouvriers **se seront** déjà **mis** à travailler.

あなたが工場に着く頃には、工員たちは仕事にとりかかっているだろう。

　D'ici la fin de l'année, elle **aura eu** son visa.

年末までには彼女はビザを取得するだろう。

1. 直説法単純未来の活用表を完成させましょう。

	aller	venir	faire	être	avoir
je(j')					
tu					
il / elle					
nous					
vous					
ils / elles					

2. ( ) のなかの動詞を直説法単純未来に活用させましょう。

1) Vous _____ Thomas dans une demi-heure, s'il vous plaît. (appeler)
30 分後にトマに電話してください。

2) Tu t' _____ un sac Chanel avec ton prochain bonus. (acheter)
次のボーナスでシャネルのバッグ買ったらいいじゃん。

3) Je ne doute pas que Maxence _____ à faire avancer ce projet. (arriver)
マクサンスなら間違いなくこのプロジェクトを進めてくれるでしょう。

4) Demain, nous _____ le train de sept heures du matin. (prendre)
私たちは明朝 7 時の電車に乗ります。

5) Nous nous _____ à quatre heures du matin demain. (lever)
私たちは明日朝の 4 時に起きるでしょう。

6) Après-demain, je vous _____ cette jolie carte postale. (montrer)
明後日、あのかわいい絵葉書を君に見せてあげるね。

7) On _____ un grand bâtiment ici, un jour ou l'autre. (construire)
ここにはいずれ大きなビルが建つでしょう

8) Malheureusement, ils ne t'_____ probablement pas. (écouter)
残念ながら彼らはきっとあなたの話に耳を傾けてくれないでしょう。

9) Un jour, tu _____ la suite de ton père et tu deviendras médecin.
(prendre)
いつかお父さんの跡を継いで、お医者さんになるんだよ。

10) Si vous faites un travail aussi négligé, vous _____ par avoir de gros
problèmes. (finir)
そんなずさんな仕事をしていたら、いずれ大きなトラブルが起こるよ。

3. （ ）のなかの動詞を直説法単純未来に活用させましょう。

1) J'_____ en France l'été prochain. (aller)
   私は来年の夏にはフランスに行くだろう。

2) _____ -t-il en France l'été prochain ? (aller)
   彼は来年の夏にはフランスに行くのでしょうか？

3) Nous _____ à la fête la semaine prochaine. (venir)
   来週のパーティーには、私たちも参加します。

4) Quand Marie et Émilie rentreront de l'école, elles _____ leurs devoirs.
   (faire)
   学校から帰ってきたら、マリーとエミリーは宿題をするでしょう。

5) Quand tu rentreras de l'école, tu _____ tes devoirs. (faire)
   学校から帰ってきたら、宿題をしなさいよ。

6) Ceux qui profitent des bontés des gens _____ certainement punis.
   (être)
   人の善意につけ込む人間には、必ず罰が当たるでしょう。

7) Nous ne _____ pas présents à cette réunion. (être)
   私たちはその会議に出席しないでしょう。

8) N'hésitez pas à passer à la boutique quand vous _____ un moment.
   (avoir)
   お時間のあるときに、どうぞお店にお立ち寄りください。

9) Si tu t'écorchez les doigts, tu _____ mal. (avoir)
   指の皮をめくったら、痛くなるよ。

10) Au début du mois de juin, vous ne _____ toujours pas vous baigner
    dans la mer. (pouvoir)
    6月のはじめにはまだ海では泳げないでしょう。

11) En mars prochain, mon frère _____ son diplôme de docteur en
    médecine. (obtenir)
    来年の3月には弟は医学博士号を取得するでしょう。

12) Quand tu auras sept ans, tu _____ aller à l'école. (devoir)
    7歳になったら、学校に行かなくてはいけません。

13) Après un mois d'entraînement, Paul _____ ce qu'il est capable de
    faire. (savoir)
    1か月も修行すれば、ポールも自分の実力を知るでしょう。

14) Vous _____ les résultats. (voir)
    結果は今にわかるよ。

15) Toutes les filles du pays _____ une invitation à une fête de la part
du prince. (recevoir)
国中の娘たちが王子様からパーティーの招待状を受け取るでしょう。

16) Ces horaires ne vous _____ pas. (convenir)
これらの日程はあなたには合わないでしょう。

4. ( )のなかの動詞を直説法前未来に活用させましょう。

1) Dans cinq ans, vous _____ déjà _____ votre diplôme de
l'université. (obtenir)
5 年後、あなたたちはもう大学を卒業しているだろう。

2) Dans cinq ans, j'_____ déjà _____ mon diplôme de l'université.
(obtenir)
5 年後、私はもう大学を卒業しているだろう。

3) Quand j'arriverai dans la salle de concert, ma fille _____ _____ sa
performance. (terminer)
私がコンサート会場に着く頃にはもう、娘の演奏は終わってしまっているだろ
う。

4) Après-demain, j'_____ _____ ce roman. (finir)
明後日にはこの小説を読み終えていることだろう。

5) Au moment où tu arriveras au bar, il n'_____ pas encore _____ une
seule bière. (boire)
君がバーに着くころには、彼はまだビール 1 杯も飲めていないでしょう。

6) Dans six mois, vous _____ déjà _____ tout le contenu de ce manuel.
(apprendre)
半年後には、みなさんはこの教科書の内容をもう全部習っているのですよ。

7) D'ici là, la situation dans ce pays n'_____ pas _____ . (changer)
その頃になってもまだ、この国の状況は変わっていないでしょう。

8) Avant que l'ascenseur n'arrive, elles _____ déjà _____ l'escalier jusqu'au
cinquième étage. (monter)
エレベーターが到着するまえに、彼女らはもう階段で 5 階まで上がっているで
しょう。

9) Dès que j'_____ _____ cette lettre, je la mettrai dans la boîte aux
lettres. (écrire)
この手紙を書き次第、ポストに投函するね。

10) Avant que tu ne lises ce livre, ta sœur l'_____ déjà _____ deux fois. (lire)

君がこの本を読む前に、君の妹はもう2回もそれを読んだでしょう。

11) Dès que vous _____ _____ l'invitation à la fête, vous y répondrez. (recevoir)

パーティーの招待状を受け取ったらすぐに、返信をしてください。

12) Dans trois jours, tu _____ déjà _____ cette présentation difficile. (faire)

3日後の今頃には、君はもう難しいプレゼンを終えているんだな。

5. ( )のなかの動詞を直説法前未来に活用させましょう。

1) Quand vous arriverez à la gare, le train _____ déjà _____ . (partir)

あなたが駅に着く頃には、電車はもう出発してしまっているでしょう。

2) Quand vous arriverez à la gare, vos amis _____ déjà _____ . (partir)

あなたが駅に着く頃には、あなたのご友人たちはもう出発してしまっているでしょう。

3) À 7 heures demain matin, ils se _____ déjà _____ . (se lever)

明日の朝7時には、彼らはもう起きているだろう。

4) À 7 heures demain matin, elles se _____ déjà _____ . (se lever)

明日の朝7時には、彼女らはもう起きているだろう。

5) Quinze minutes plus tard, elle _____ probablement déjà _____ . (sortir)

15分後には彼女はおそらくすでに出かけた後だろう。

6) Daigo, lorsque vous arriverez à l'hôpital, votre bébé _____ déjà _____ . (naître)

ダイゴ、あなたが病院に着くときには、お子さんはもう生まれてしまっているだろう。

7) Quand j'arriverai au restaurant, mes parents ne _____ pas encore _____ . (entrer)

僕がレストランに着くときにはまだ、両親は店の中には入ってないだろう。

8) Quand on arrivera au bâtiment, ils _____ déjà _____ au troisième étage. (monter)

私たちがその建物に着くときには、彼らはすでに3階まで上った後だろう。

9) Quand nous arriverons chez elle, Emma se _____ déjà _____ en route pour le travail. (se mettre)

私たちが彼女の家に着くときにはもう、エマは仕事場に向かっているだろう。

10) Dans dix ans, Takashi _____ déjà _____ médecin. (devenir)
10 年後にはタカシはもう医者になっているだろう。

6. 日本語を参考に、（ ）のなかの動詞を単純未来か前未来に活用させましょう。

1) Quand tu _____ à la gare, nous _____ un billet pour toi aussi.
(arriver / acheter)
君が駅に着く頃には、私たちが君の分も切符を買っておいてあげるよ。

2) Vous me _____ ce que vous _____ lors de votre prochain
voyage en Chine. (raconter / voir)
今度の中国旅行での経験を、また私にも教えてくださいね。

3) Quand où le soleil se _____ demain, elle _____ la maison. (se lever
/ quitter)
明日、日が昇る頃には、彼女は家を出発しているでしょう。

4) Nous nous _____ les mains dès que nous _____ à la maison.
(se laver / rentrer)
私たちは家に帰ったらすぐに手を洗うでしょう。

7. 空欄を埋めて文を完成させましょう。

1) オドレィがこのかわいいワンピースを見たら、絶対に欲しがるでしょう。
Quand Audrey _____ _____ _____ _____ , _____ ___ _____
certainement.

2) 宿題を終えたら、遊びにいってもいいですよ。
Quand ___ _____ _____ ___ _____ , tu _____ aller _____ .

3) CD を聞き終えたら、君に貸してあげるよ。
Quand _____ _____ ce CD, ___ ___ ___ _____ .

4) チーズが出てくる頃には、もうメインディッシュを食べ終わっているでしょう。
___ moment ___ le fromage _____ _____ , vous _____ _____ _____ ___
___ _____ principal.

1.

	aller	venir	faire	être	avoir
je (j')	irai	viendrai	ferai	serai	aurai
tu	iras	viendras	feras	seras	auras
il / elle	ira	viendra	fera	sera	aura
nous	irons	viendrons	ferons	serons	aurons
vous	irez	viendrez	ferez	serez	aurez
ils / elles	iront	viendront	feront	seront	auront

2. 1) appellerez 2) achèteras 3) arrivera 4) prendrons 5) lèverons
6) montrerai 7) construira 8) écouteront 9) prendras 10) finirez

3. 1) irai 2) Ira 3) viendrons 4) feront 5) feras 6) seront
7) serons 8) aurez 9) auras 10) pourrez 11) obtiendra
12) devras 13) saura 14) verrez 15) recevront 16) conviendront

4. 1) aurez / obtenu 2) aurai / obtenu 3) aura terminé 4) aurai fini
5) aura / bu 6) aurez / appris 7) aura / changé 8) auront / monté
9) aurai écrit 10) aura / lu 11) aurez reçu 12) auras / fait

5. 1) sera / parti 2) seront / partis 3) seront / levés 4) seront / levées
5) sera / sortie 6) sera / né 7) seront / entrés 8) seront / montés
9) sera / mise 10) sera / devenu

6. 1) arriveras / aurons acheté 2) raconterez / aurez vu
3) lèvera / aura quitté 4) laverons / serons rentrés

7. 1) Quand Audrey verra cette jolie robe, elle la voudra certainement.
2) Quand tu auras fini tes devoirs, tu pourras aller jouer.
3) Quand j'aurai écouté ce CD, je te le prêterai.
4) Au moment où le fromage sera servi, vous aurez déjà fini votre plat
principal.

条件法
条件法現在

語幹は、直説法単純未来と同じ。
語尾はすべての動詞に共通で、r +［直説法半過去の活用語尾］と考えるとよい。

活用語尾	
je -**rais**	nous -**rions**
tu -**rais**	vous -**riez**
il / elle -**rait**	ils / elles -**raient**

être	
je serais	nous serions
tu serais	vous seriez
il / elle serait	ils / elles seraient

avoir	
j' aurais	nous aurions
tu aurais	vous auriez
il / elle aurait	ils / elles auraient

aimer	
j' aimerais	nous aimerions
tu aimerais	vous aimeriez
il / elle aimerait	ils / elles aimeraient

partir	
je partirais	nous partirions
tu partirais	vous partiriez
il / elle partirait	ils / elles partiraient

aller	
j' irais	nous irions
tu irais	vous iriez
il / elle irait	ils / elles iraient

venir	
je viendrais	nous viendrions
tu viendrais	vous viendriez
il / elle viendrait	ils / elles viendraient

faire	
je ferais	nous ferions
tu ferais	vous feriez
il / elle ferait	ils / elles feraient

dire	
je dirais	nous dirions
tu dirais	vous diriez
il / elle dirait	ils / elles diraient

pouvoir	
je pourrais	nous pourrions
tu pourrais	vous pourriez
il / elle pourrait	ils / elles pourraient

vouloir	
je voudrais	nous voudrions
tu voudrais	vous voudriez
il / elle voudrait	ils / elles voudraient

voir		prendre	
je verrais	nous verrions	je prendrais	nous prendrions
tu verrais	vous verriez	tu prendrais	vous prendriez
il / elle verrait	ils / elles verraient	il / elle prendrait	ils / elles prendraient

条件法現在の用法

1. 非現実の仮定での帰結を表す

〈Si＋直説法半過去、条件法現在〉の構文をとることが多い。

S'il était plus jeune, il **jouerait** toute la nuit, tous les soirs.

もし彼がもっと若ければ、毎晩徹夜で遊ぶだろうに。

仮定を示すには、ほかに前置詞句やジェロンディフを用いることもできる。

Avec un micro, je **chanterais** mieux.

マイクを使ったら、私はもっとうまく歌うのに。

En gagnant le gros lot, je **ferais** un voyage autour du monde.

もし宝くじの一等が当たったら、世界一周旅行に行くのですが。

［参考］実際にありうる帰結を表す場合、〈Si＋直説法現在、直説法単純未来〉を用いる。

Si nous avons le temps, nous viendrons vous voir.

もし私たちに時間ができたら、あなたに会いに行くね。

2. 推量・伝聞、語気緩和

Je **voudrais** du poisson.　魚をいただきたいのですが。

Ma mère **cacherait** de l'argent dans le fond de l'armoire.

母はたんすの奥にお金を隠しているだろう。

3. 過去の時点での未来を表す

間接話法で主節の動詞が過去時制のとき、過去の時点での未来を表す。

Je lui ai dit : «Votre paquet **arrivera** demain.»

私は彼に「あなたの荷物は翌日着くだろう」と言った。（直接話法）

Je lui ai dit que son paquet **arriverait** le lendemain.

私は彼に彼の荷物は翌日着くだろうと言った。（間接話法）

練 習 問 題

1. 次の動詞を指定された主語で条件法現在に活用させましょう。

1) aimer → j'＿＿＿＿＿
2) partir → il ＿＿＿＿＿
3) manger → tu ＿＿＿＿＿
4) être → nous ＿＿＿＿＿
5) avoir → vous ＿＿＿＿＿
6) venir → elle ＿＿＿＿＿
7) pouvoir → il ＿＿＿＿＿
8) aller → vous ＿＿＿＿＿
9) prendre → je ＿＿＿＿＿
10) vouloir → nous ＿＿＿＿＿
11) voir → elles ＿＿＿＿＿
12) finir → ils ＿＿＿＿＿
13) faire → vous ＿＿＿＿＿
14) devoir → je ＿＿＿＿＿

2. ( ) の動詞を条件法現在に活用させましょう。

1) Si j'étais plus jeune, je (jouer) ＿＿＿＿＿ toute la nuit, tous les soirs.
もし私がもっと若ければ、毎晩徹夜で遊ぶのにな。

2) Si nous étions plus jeunes, nous (jouer) ＿＿＿＿＿ toute la nuit, tous les soirs.
もし私たちがもっと若ければ、毎晩徹夜で遊ぶのにな。

3) Si tu avais des enfants, tu les (aimer) ＿＿＿＿＿ tendrement.
もし君に子どもがいたら、君はすごく愛するだろうにね。

4) Si vous aviez des enfants, vous les (aimer) ＿＿＿＿＿ tendrement.
もしあなたたちに子どもがいたら、あなたたちはすごく愛するだろうにね。

5) S'il n'était pas malade, il (participer) ＿＿＿＿＿ au marathon.
彼が病気でなかったら、マラソン大会に参加するでしょう。

6) Si j'étais un adulte, je ne (manger) ＿＿＿＿＿ que des frites de McDonald's.
もし僕が大人だったら、マクドナルドのポテトしか食べないのに。

7) S'il n'y avait pas de gâteaux dans le monde, je (réussir) ＿＿＿＿＿ à perdre du poids.
もしこの世にケーキなんてなかったら、ダイエットできるのに。

8) Si nous n'avions pas tant de travail à faire, nous ne (travailler) ＿＿＿＿＿ pas pendant les vacances.
こんなに仕事がなければ、休暇中に働くことなんかしないよ！

9) Si j'étais Tokugawa Ieyasu, j'(établir) ＿＿＿＿＿ un shogunat à Osaka.
もし俺が徳川家康やったら、大阪に幕府を開くね。

10) Si elle avait assez d'argent maintenant, elle (déménager) ＿＿＿＿＿ immédiatement.
もし彼女に今十分なお金があったら、すぐにでも引っ越すだろうに。

11) Si tu maintenais ta chambre propre, les cafards n'(exister) _____ pas.
もし君が部屋をきれいにいていたら、ゴキブリなんか出ないよ。

12) Avec beaucoup d'argent, il ne (travailler) _____ plus pour le reste de sa vie.
もし大金が手に入ったら　もう彼は一生働かないだろうに。

13) Sans vos conseils, mon fils ne (réussir) _____ pas ses examens.
君の助言がなければ、息子は試験に合格していないよ。

14) Quelques discussions nous (aider) _____ à nous comprendre mieux.
何度か議論すれば私たちはもっとよく分かりあえるのに。

15) S'il y avait du soleil, je (sortir) _____ .
晴れていたら外出するのに。

3. 次の ( ) の動詞を条件法現在に活用させましょう。

1) Si tu étais à ma place, que (faire) _____ -tu ?
もし君が私の立場だったら、どうする？

2) Si ma grand-mère était à ma place, que (faire) _____ -elle ?
もしおばあちゃんが私の立場だったら、どうするだろう？

3) Si vous étiez à ma place, que (faire) _____ -vous ?
もしあなたが私の立場だったら、どうなさいますか？

4) Si nous étions des chimpanzés, nous n'(avoir) _____ pas à réfléchir.
もし私たちがチンパンジーなら、いろいろと考えなくて済むのに。

5) Si votre mari était plus compréhensif, vous (avoir) _____ moins de problèmes.
あなたの夫がもっと物わかりのいい人だったら、あなたももっと苦労しないで済むのに。

6) Si on n'avait pas raté notre vol, on (être) _____ à Paris en ce moment.
飛行機に乗り遅れなければ、今頃パリにいるのに。

7) Si le monde entier était contre toi, je (être) _____ de ton côté.
たとえ世界中が敵に回っても、私はあなたの味方よ。

8) Si tu rencontrais un alien, tu (aller) _____ probablement dans l'espace avec lui.
もし君が宇宙人に遭遇したら、君はその宇宙人と宇宙に行ってしまいそうだね。

9) Si ma grand-mère était encore en vie, elle m'(envoyer) _____ beaucoup de fruits en été.
もしおばあちゃんが生きていたら、夏にはどっさりフルーツを送ってくれるのに。

10) S'il n'avait pas eu son accident, il (venir) _____ à la fête.
もし彼が事故にあわなかったら、パーティーに来ているのに。

11) Si ma fille était encore en vie, elle (être) _____ médecin maintenant.
もし娘が生きていたら、今頃医者になっているだろう。

12) Si tu n'étais pas là, comment (pouvoir) _____ -je vivre ?
もし君がいなかったら、私はどうやって生きていったらいいのでしょう?

13) Si mon professeur était gentil, je (vouloir) _____ étudier davantage le français.
先生が優しければ、もっとフランス語を勉強したいと思うのに。

14) Si nous pouvions remonter le temps, nous (revoir) _____ notre fils mort.
もし時間を巻き戻せるなら、死んだ息子にもう一度会いたい。

15) Si mon fils était à la maison maintenant, il (recevoir) _____ le paquet.
息子が今家にいたら、その子が荷物受け取るのですが。

16) Akira ne peut achever ce travail, mais Rumi (pouvoir) _____ le faire.
アキラはその仕事をやり遂げられないが、ルミならできるだろうに。

17) Avec sa réponse, nous (pouvoir) _____ faire un plan qui nous conviendrait à tous.
彼が返事をくれさえすれば、全員の都合に合う計画を立てられるのに。

18) En en parlant, nous (devenir) _____ résoudre le problème.
話し合えばその問題は解決するはずなのに。

19) Sans toi, je (être) _____ le meilleur.
お前がいなかったら僕が一番になれるのに。

20) En préparant le dîner maintenant, tu (pouvoir) _____ te reposer.
今夕ご飯を作ってしまえば、君は休めるのに。

4. 下の動詞を用いて、条件法現在に活用させて文を完成させましょう。

1) _____ -tu nous montrer tes trésors ?
君の宝物を私たちに見せてくれませんか。

2) L'œuvre de cet artiste _____ bien plus valorisée à l'avenir.
この芸術家の作品は将来もっと価値が上がるだろう。

3) Amélie _____ être très timide.
アメリはきっとすごく恥ずかしがり屋なんだろうね。

4) J' _____ rencontrer le PDG de votre entreprise la prochaine fois.
今度ぜひあなたの会社の社長にお会いしたいです。

5) Nous _____ monter au dernier étage de ce gratte-ciel.
私たちはこの超高層ビルの最上階に上がってみたいのです。

6) Il y _____ cinq morts
5名の死傷者がでている模様だ。

> aimer   avoir   devoir   être   pouvoir   vouloir

5. 例にならって、下線部の動詞を書きかえて直接話法の文を間接話法の文にしましょう。

例) Je lui ai demandé : « Qu'est-ce que tu <u>mangeras</u> pour le déjeuner ? »
→ Je lui ai demandé ce qu'il <u>mangerait</u> pour le déjeuner.

1) J'ai dit : « Son paquet <u>arrivera</u> demain. »
→ J'ai dit que son paquet _____ le lendemain.

2) Elle a dit. « Je <u>partirai</u> en voyage la semaine prochaine. »
→ Elle a dit qu'elle _____ en voyage la semaine suivante.

3) Tu m'as dit : « J'<u>irai</u> chercher ma grand-mère à la gare demain. »
→ Tu m'as dit que tu _____ chercher ta grand-mère à la gare le lendemain.

4) Nous avons dit : « notre patron <u>viendra</u> nous voir la semaine prochaine. »
→ Nous avons dit que notre patron _____ nous voir la semaine suivante.

6. 日本語を参考にして、( )の中の動詞を法に注意して適切な活用形にしましょう。

1) Si ma tante n'(avoir) __ pas d'enfants, elle (faire) _____ plus de choses.
もし私の叔母に子どもがいなかったら、彼女はもっといろいろなことをしているだろうに。

2) S'il (faire) _____ beau maintenant, nous (pouvoir) _____ jouer au football ensemble.
もし今晴れていたら、みんなでサッカーできるのに。

3) Si vous n'(avoir) _____ pas de stylo, vous (pouvoir) _____ écrire avec un crayon.
ボールペンがなければ、鉛筆で書いてもいいですよ。

4) S'il n'y (avoir) _____ pas de nourriture à la maison, nous (aller) _____ au restaurant.
家にご飯がなかったら、レストランに食べに行こうよ。

5) Si ce travail (être) _____ réussi, nous (partir) _____ tous en voyage ensemble.
この仕事が成功したら、みんなで旅行に行こう。

6) Si elles n'(avoir) _____ pas ce travail, elles (être) _____ en voyage en ce moment.
もしこの仕事がなかったら、彼女たちは今頃旅行中だったのに。

7. 空欄を埋めて文を完成させましょう。

1) もしマチルドに翼があったら、すぐにでも恋人に会いに行くだろうに。
____ Mathild _____ ___ _____ , _____ _____ voir ___ amoureux immédiatement.

2) 彼女のミスがなければ、私たちの仕事は完ぺきなのに。
_____ son erreur, _____ _____ _____ parfait.

3) 私にあなたの成功の秘訣を教えていただけませんか？
_____ - _____ ___ confier ___ _____ ___ _____ réussite ?

4) 私は彼に、彼なら私の状況をきっと理解してくれるだろうと言った。
___ _____ ___ ___ qu'il _____ ___ situation certainement.

練 習 問 題 解 答
....

1.　1) j'aimerais　2) partirait　3) mangerais　4) serions　5) auriez
6) viendrait　7) pourrait　8) iriez　9) prendrais　10) voudrions
11) verraient　12) finiraient　13) feriez　14) devrais

2.　1) jouerais　2) jouerions　3) aimerais　4) aimeriez　5) participerait
6) mangerais　7) réussirais　8) travaillerions　9) établirais
10) déménagerait　11) existeraient　12) travaillerait　13) réussirait
14) aideraient　15) sortirais

3.　1) ferais　2) ferait　3) feriez　4) aurions　5) auriez　6) serait
7) serais　8) irais　9) enverrait　10) viendrait　11) serait　12) pourrais
13) voudrais　14) reverrions　15) recevrait　16) pourrait　17) pourrions
18) devrions　19) serais　20) pourrais

4.　1) Pourrais　2) serait　3) devrait　4) aimerais　5) voudrions　6) aurait

5.　1) arriverait　2) partirait　3) irais　4) viendrait

［和訳］1）私は、彼の荷物は翌日着くだろうと言った。　2）彼女は、翌週旅に
出る予定だと言った。　3）君は、翌日君のおばあちゃんを駅に迎えに行くと私
に言った。　4）私たちは社長（上司）が来週我々に会いに来ますと言った。

6.　1) avait / ferait　2) faisait / pourrions　3) avez / pourrez　4) a / irons
5) est / partirons　6) avaient / seraient

7.　1) Si Mathild <u>avait</u> <u>des</u> <u>ailes,</u> <u>elle</u> <u>irait</u> voir <u>son</u> amoureux immédiatement.
2) <u>Sans</u> son erreur, <u>notre</u> <u>travail</u> <u>serait</u> parfait.
3) <u>Aimeriez-vous</u> <u>me</u> confier <u>le</u> <u>secret</u> <u>de</u> <u>votre</u> réussite ?
4) <u>Je</u> <u>lui</u> <u>ai</u> <u>dit</u> qu'il <u>comprendrait</u> <u>ma</u> situation certainement.

時制の助動詞（条件法現在）＋ 過去分詞

・時制の助動詞は avoir もしくは être で、どちらを使うかは複合過去の場合と同じ。

chanter 歌う（助動詞 avoir）			
j'	aurais chanté	nous	aurions chanté
tu	aurais chanté	vous	auriez chanté
il	aurait chanté	ils	auraient chanté
elle	aurait chanté	elles	auraient chanté

aller 行く（助動詞 être）			
je	serais allé(e)	nous	serions allé(e)s
tu	serais allé(e)	vous	seriez allé(e)(s)
il	serait allé	ils	seraient allés
elle	serait allée	elles	seraient allées

条件法過去の用法

1. 過去の非現実の仮定での帰結を表す

〈Si ＋直説法大過去、条件法過去〉の構文をとることが多い。

S'il n'avait pas plu hier, je **serais allée** faire des achats.

昨日雨が降らなければ、私は買い物に行ったのですが。

Sans leur soutien, vous n'**auriez** jamais **réussi**.

彼らの支援がなければ、あなたは決して成功しなかったでしょう。

2. 過去の推量・伝聞

Tous les otages **auraient été** libérés. 人質は全員解放された模様だ。

3. 過去の事柄への後悔、非難

特に devoir, pouvoir, vouloir などの動詞を用いることが多い。

J'**aurais dû** apporter un parapluie aujourd'hui.

今日は傘を持ってくるべきだったな。

4. 過去の時点での未来完了を表す

間接話法で主節の動詞が過去時制のとき、過去の時点での未来完了を表す。

Je lui ai promis : «Je t'enverrai une lettre dès que je l'**aurai écrite**.»

私は彼に「君に手紙を書いたらすぐに送るね」と約束した。（直接話法）

Je lui ai promis que je lui enverrais une lettre dès que je l'**aurais écrite**.

私は彼に手紙を書いたらすぐに送ると約束した。（間接話法）

1. （　）の中の動詞を条件法過去にしましょう。

1) Si elle était partie plus tôt, elle n' _____ pas _____ le train.
(manquer)
もしもっと早く出発していたら、彼女が電車に乗り遅れることはなかったのに。

2) Si nous étions partis plus tôt, nous n' _____ pas _____ le train.
(manquer)
もしもっと早く出発していたら、私たちは電車に乗り遅れることはなかったのに。

3) S'ils étaient partis plus tôt, ils n' _____ pas _____ le train.
(manquer)
もしもっと早く出発していたら、彼らは電車に乗り遅れなかったのに。

4) S'il n'avait pas plu hier, nous _____ _____ faire des achats. (aller)
昨日雨が降らなければ、私たちは買い物に行ったのに。

5) S'il n'avait pas plu hier, vous _____ _____ faire des achats. (aller)
昨日雨が降らなければ、あなた（女）は買い物に行ったでしょうに。

6) S'il n'avait pas plu hier, mes parents _____ _____ faire des
achats. (aller)
昨日雨が降らなければ、両親は買い物に行ったのに。

7) Si le ministre n'avait pas tenu ces propos imprudents, il n' _____ pas
_____ à démissionner. (avoir)
もし大臣がこれらの軽率な発言をしなかったならば、彼は辞職しないで済んだ
のに。

8) Si ton père et ta mère ne s'étaient pas rencontrés, tu ne _____ pas
_____ . (naître)
君のパパとママが出会っていなければ、君は生まれてこなかったんだよ。

9) Si la pandémie du coronavirus ne s'était pas produite, Yumi et Miyu
_____ _____ étudier à Paris. (aller)
もしコロナウィルスの感染拡大が起こらなかったら、ユミとミユはパリに留学し
ていただろうに。

10) Sans toi, je n' _____ pas _____ surmonter cette difficulté. (pouvoir)
君がいなければ、僕はこの困難を乗り越えられなかっただろう。

11) En réfléchissant avant d'agir, vous n' _____ pas _____ cette
erreur. (faire)
行動する前によく考えていたならば、あなたたちはこんな失敗はしなかっただ
ろうに。

12) Nos clients ont dû être satisfaits de notre service. Sinon, ils _____ _____ des réclamations. (faire)
お客様たちは私たちのサービスに満足されたに違いない。さもなくば、我々にクレームをつけたはずだ。

13) Avec un peu plus de temps, tu _____ _____ écrire un meilleur mémoire de maîtrise. (pouvoir)
もう少し時間があれば、君はもっといい修士論文を書けたのに。

14) Vous _____ _____ être surpris de voir ce professeur sévère pleurer. (être)
あの厳格な先生が泣くのを見たら、あなたたちもびっくりしたに違いない。

2. **（ ）の中の動詞を条件法過去にしましょう。**

1) J' _____ _____ du mal de toi ? (dire)
僕が君の悪口を言っただって？

2) Nous _____ _____ vous demander de faire une conférence. (vouloir)
私たちはあなたにご講演をお願いしたいと考えた次第です。

3) Les représentants des deux pays _____ _____ à un accord. (parvenir)
両国の代表は合意に達した模様だ。

4) Le Premier ministre _____ _____ son intention de démissionner. (exprimer)
首相が辞意を表明した模様だ。

5) Tous les otages _____ _____ libérés. (être)
人質は全員解放された模様だ。

6) Quand ma meilleure amie m'a demandé des conseils, j' _____ _____ mieux l'écouter. (devoir)
親友から相談されたとき、もっと彼女の話をよく聞くべきだった。

7) Je n' _____ pas _____ tomber amoureuse de lui. (devoir)
彼のことなんか好きになるんじゃなかった。

8) Mon frère _____ _____ se lever plus tôt ce matin. (pouvoir)
今朝、兄はもっと早起きできただろうに。

9) Elles _____ _____ faire ce travail plus soigneusement. (pouvoir)
彼女たちはこの仕事をもっと丁寧にできただろうに。

10) Chikako _____ _____ être peintre. (vouloir)
チカコは、本当は画家になりたかった。

3. 下線部の動詞を条件法現在か条件法過去にして、直接話法の文を間接話法の文にしましょう。

1) Tu m'as dit : « Je te prêterai ce livre dès que je l'_aurai fini_.»
   → Tu m'as dit que tu me prêterais ce livre dès qus tu l' _____ .

2) Notre mère nous a dit : « Je vais à la banque, et je _rentrerai_ à trois heures. »
   → Notre mère nous a dit qu'elle allait à la banque et qu'elle _____ à trois heures.

3) Vous nous avez promis : « Je vous _rembourserai_ l'argent que je vous dois. »
   → Vous nous avez promis que vous _____ l'argent que vous nous deviez.

4) Vous avez dit : « Ma sœur _sera rentrée_ au Japon à la mi-décembre.
   → Vous avez dit que votre sœur _____ au Japon à la mi-décembre.

5) Je vous ai demandé : « _Aurez_-vous _fini_ ce travail demain soir ? »
   → Je vous ai demandé si vous _____ ce travail le lendemain soir.

6) Il m'a promis : « Je te raconterai ce que j'_aurai vécu_ lors de mon voyage aux Pays-Bas.»
   → Il m'a promis qu'il me raconterait ce qu'il _____ lors de son voyage aux Pays-Bas.

4. 空欄を埋めて文を完成させましょう。

1) もっと入念に準備していたら、プレゼンは成功したかもしれないのに。
   En _____ mon exposé _____ soigneusement, _____ ____ _____

   _____ .

2) ピアノとの出会いがなければ、私の学生生活はもっと単調なものだったでしょう。
   _____ ma rencontre _____ ____ _____ , ____ vie d'étudiant _____

   _____ _____ monotone.

3) あなたは学生時代にもっと本を読んでおくべきだった。
   _____ _____ ____ _____ plus de livres _____ _____ _____ _____ .

4) 彼女は「明日の朝にはもう雨が降り始めているわね」と言った。
   Elle ____ _____ que ____ _____ _____ déjà _____ à tomber ____

   _____ _____ .

練 習 問 題 解 答

1. 1) aurait / manqué   2) aurions / manqué   3) auraient / manqué
4) serions allé(e)s   5) seriez allée   6) seraient allés   7) aurait / eu
8) serais / né(e)   9) seraient allées   10) aurais / pu   11) auriez / fait
12) auraient fait   13) aurais pu   14) auriez été

2. 1) aurais dit   2) aurions voulu   3) seraient parvenus   4) aurait exprimé
5) auraient été   6) aurais dû   7) aurais / dû   8) aurait pu
9) auraient pu   10) aurait voulu

3. 1) aurais fini   2) rentrerait   3) rembourseriez   4) serait rentrée
5) auriez fini   6) aurait vécu

[和訳] 1) 君は僕に、その本を読み終わり次第貸してくれるといった。　2) 母は私たちに「お母さん銀行行ってくるわ、3時には帰って来るからね」と言った。3) あなたは私たちに「借りたお金は返します」と約束した。　4) あなたは、妹は 12 月半ばにはもう日本に帰ってきていると言ってましたよ。　5) 私はあなたに、翌日の夜にはもうこの仕事を終えているかどうか聞いた。　6) 彼は、オランダ旅行での経験を私に話してくれると約束してくれた。

4. 1) En <u>préparant</u> mon exposé <u>plus</u> soigneusement, <u>j'aurais pu le réussir</u>.
2) <u>Sans</u> ma rencontre <u>avec le piano, ma</u> vie d'étudiant <u>aurait été plus</u> monotone.
3) <u>Vous auriez dû lire</u> plus de livres <u>quand vous étiez étudiant</u>.
4) Elle <u>a dit</u> que <u>la pluie aurait</u> déjà <u>commencé</u> à tomber <u>le lendemain matin</u>.

15 接続法

接続法現在・過去

接続法現在

語尾はすべての動詞に共通である。

活用語尾	
je **-e**	nous **-ions**
tu **-es**	vous **-iez**
il / elle **-e**	ils / elles **-ent**

語幹は特殊な動詞を除き、1・2・3人称単数および3人称複数は、直説法現在3人称複数の語幹と同じに、1・2人称複数は、直説法現在1人称複数の語幹と同じになる。

chanter		finir	
je chante	nous chantions	je finisse	nous finissions
tu chantes	vous chantiez	tu finisses	vous finissiez
il / elle chante	ils / elles chantent	il / elle finisse	ils / elles finissent

venir		dire	
je vienne	nous venions	je dise	nous disions
tu viennes	vous veniez	tu dises	vous disiez
il / elle vienne	ils / elles viennent	il / elle dise	ils / elles disent

devoir		voir	
je doive	nous devions	je voie	nous voyions
tu doives	vous deviez	tu voies	vous voyiez
il / elle doive	ils / elles doivent	il / elle voie	ils / elles voient

être と avoir は特殊な活用をする。

être		avoir	
je sois	nous soyons	j' aie	nous ayons
tu sois	vous soyez	tu aies	vous ayez
il / elle soit	ils / elles soient	il / elle ait	ils / elles aient

・全人称で特殊な語幹

faire		pouvoir	
je fasse	nous fassions	je puisse	nous puissions
tu fasses	vous fassiez	tu puisses	vous puissiez
il / elle fasse	ils / elles fassent	il / elle puisse	ils / elles puissent

savoir	
je sache	nous sachions
tu saches	vous sachiez
il / elle sache	ils / elles sachent

・je, tu, il / elle, ils / elles のみ特殊な語幹

aller		valoir	
j' aille	nous allions	je vaille	nous valions
tu ailles	vous alliez	tu vailles	vous valiez
il / elle aille	ils / elles aillent	il / elle vaille	ils / elles vaillent

vouloir	
je veuille	nous voulions
tu veuilles	vous vouliez
il / elle veuille	ils / elles veuillent

・非人称動詞　falloir → il faille

接続法過去

> 時制の助動詞（接続法現在）＋ 過去分詞

・時制の助動詞は avoir もしくは être で、どちらを使うかは複合過去の場合と同じ。

接続法の用法

　直説法が事柄を事実としてありのまま伝え、条件法が非現実な仮定の下での非現実な帰結を伝えるのに対して、接続法は事柄を事実であるかどうかの判断を加えずに伝える。

　ある条件のもとで節（名詞節、副詞節、形容詞節）の中で用いられる。主節に対して同時か未来の事柄には接続法現在、過去の事柄には接続法過去を用いる。

1. 名詞節

主節に要求 (demander)、願望 (souhaiter)、命令 (ordonner)、疑惑 (douter)、危惧 (craindre, avoir peur)、後悔 (regretter)、否定 (nier)、感情 (s'étonner, être content, être heureux, être fâché) などを表す動詞や形容詞句が導く名詞節の中で用いる。

Paul *veut que* sa mère lui **fasse** un gâteau au chocolat.

ポールはお母さんにチョコレートケーキを作ってほしいと思っている。

Elle est très *contente que* je lui **aie donné** un beau bijou.

私が彼女に素敵な宝石を贈ったことに彼女は満足している。

La mère *craint que* son enfant ne* **prenne** froid.

母親は子どもが風邪をひかないかと心配している。
* 虚辞の ne。意味上の否定ではなく、心理的な否定のニュアンスを添える。

必要性 (il faut, il est nécessaire) や可能性 (il se peut, il est possible) をはじめ、語り手の判断を表す様々な非人称表現 (il suffit, il vaut mieux, il est étonnant) が導く名詞節の中で用いる。

Il faut que nous **obéissions** à la loi.　私たちは法に従わなければならない。

Il se peut que mon père **soit** déjà **arrivé** à Tokyo.

父はもう東京に着いたかもしれない。

*Il est étonnant qu'*il **comprenne** l'arabe.　彼にアラビア語が分かるなんて驚きだ。

判断を表す動詞、形容詞が用いられた構文で、主節が否定文か疑問文となっており、従属節の内容の事実性を語り手が認めていないときに用いる。

*Je ne pense pas qu'*elle **revienne**.　私は彼女が戻ってくるとは考えていない。

Croyez-vous *que* je **sache** où il est.　彼がどこにいるか私が知っていると思いますか。

2. 形容詞節

・先行詞の存在が否定されていたり、先行詞の存在が不確実な場合、形容詞節（関係節）の中で用いる。

Il n'y a *personne qui* **veuille** accepter cette proposition.

そんな提案を受け入れる者は誰もいない。

Pouvez-vous trouver *quelqu'un qui* **réponde** à tous vos critères ?

あなたの求める基準を全て満たすような人をあなたは見つけることができるだろうか？

Je cherche un vélo *qui* me **permette** de grandes randonnées.

遠くまでツーリングできるような自転車を私は探している。

・先行詞に最上級または premier, dernier, seul, unique など最上級に準ずる形容詞が付いている場合、形容詞節（関係節）の中で用いる。

C'est *le meilleur* roman policier qu'il **ait écrit**.

これは彼が執筆した中で最高の探偵小説だ。

Il est *le seul* témoin qui **puisse** la sauver.

彼は彼女を助けることができる唯一の証人だ。

3. 副詞節

・時間関係 (avant que, jusqu'à ce que)、目的 (pour que, afin que)、危惧 (de peur que, de crainte que)、条件 (à condition que, à moins que)、対立 (bien que, quoique)、譲歩 (qui que, quoi que)、否定 (sans que) などを表す接続詞・接続詞句が導く副詞節の中で用いる。

Partons *avant qu'*il *ne* **fasse** nuit. 夜にならないうちに出発しよう。

Vous prendrez ce médicament *afin que* vous **vous rétablissiez** le plus tôt possible.

できるだけ早く回復するように、この薬を飲んでください。

Il est difficile d'y entrer *sans que* le gardien **s'en aperçoive**.

警備員に気付かれないようにそこに入るのは難しい

＊虚辞の ne。

4. 独立節

que で始まる独立節（主節がない）で、語り手の要請を表す（3人称を主語とする命令）。que を伴わない慣用的な表現もある。

Qu'il **s'en aille** tout de suite ! 彼をすぐに立ち去らせなさい！

Vive la France ! フランス万歳！

1. 次の動詞を、示された主語で接続法現在に活用させましょう。

1) être je ＿＿＿＿＿＿

2) faire vous ＿＿＿＿＿＿

3) avoir tu ＿＿＿＿＿＿

4) sortir ils ＿＿＿＿＿＿

5) savoir il ＿＿＿＿＿＿

6) voir elles ＿＿＿＿＿＿

7) comprendre nous ＿＿＿＿＿＿

8) dire tu ＿＿＿＿＿＿

9) pouvoir il ＿＿＿＿＿＿

10) vouloir elle ＿＿＿＿＿＿

11) aller elles ＿＿＿＿＿＿

12) devoir nous ＿＿＿＿＿＿

2. ( ) の中の動詞を接続法現在に活用させましょう。

1) Je souhaite que tu te (souvenir) ＿＿＿＿＿＿ de moi de temps en temps.
時々は私のことも君に思い出してもらいたいな。

2) Je souhaite qu'elle se (souvenir) ＿＿＿＿＿＿ de moi de temps en temps.
時々は彼女に私のことを思い出してもらいたいです。

3) Je souhaite que vous vous (souvenir) ＿＿＿＿＿＿ de moi de temps en temps.
あなたに私のことを時々思い出していただきたいです。

4) Je veux qu'ils (être) ＿＿＿＿＿＿ à mes côtés.
私は彼らに私のそばにいてほしい。

5) Il veut que je (être) ＿＿＿＿＿＿ à ses côtés.
彼は私にそばにいてほしがっている。

6) Je veux que tu (être) ＿＿＿＿＿＿ à mes côtés.
君にそばにいてほしい。

7) Vous demandez que nous (faire) ＿＿＿＿＿＿ ce travail.
あなたは私たちにこの仕事をしてほしいですか？

8) Je demande que vous (faire) ＿＿＿＿＿＿ ce travail.
私はあなたにこの仕事をしてもらいたい。

9) Je demande qu'ils (faire) ＿＿＿＿＿＿ ce travail.
私は彼らにこの仕事をしてもらえるようお願いする。

10) Elle demande que tu (faire) ＿＿＿＿＿＿ ce travail.
彼女は君にこの仕事をするよう依頼している。

3. ( ) の中の動詞を接続法現在に活用させましょう。

1) Mon père veut que je (rentrer) ＿＿＿＿＿＿ vite à la maison.
父は私にすぐに帰宅してほしがっている。

2) Le gouvernement défend qu'on (sortir) _____ la nuit.
政府は国民に夜間の外出を禁じる。

3) Le président du tribunal ordonne qu'on se (taire) _____ .
裁判長は静粛にするように命じる。

4) Je souhaite que mon grand-père (aller) _____ bien.
私はおじいちゃんに元気でいてほしいと思う。

5) Elle aime que son mari (faire) _____ tout ce qu'elle lui dit.
彼女は夫が自分の言うことを聞いて何でもやってくれるのが好きだ。

6) Est-il nécessaire que je vous (dire) _____ encore la même chose ?
あなたにもう一度同じことを言う必要がありますか？

7) Il est indispensable que vous nous (donner) _____ des conseils.
私たちにあなたの助言をいただくことがぜひとも必要なのです。

8) Il est possible que tu (être) _____ félicité par ton supérieur.
君が上司に褒められる可能性はあるね。

9) Il est très important que les élèves (pouvoir) _____ connaître un peu
mieux le monde réel.
生徒たちが実社会を少しでも知ることはとても大切だ。

10) Il est normal que le médecin (vouloir) _____ que tu restes au lit.
お医者さんが君に安静にしているよう求めるのは当然だ。

4. **（　）の中の動詞を接続法現在にしましょう。**

1) Je n'aime pas que des gens (manger) _____ en parlant fort.
私は大声で話しながら食べる人が苦手です。

2) Nous sommes très heureux que tu (faire) _____ partie de notre
équipe.
君が私たちのチームにいてくれてとても嬉しい。

3) Vous vous étonnez que je (savoir) _____ parler italien.
あなたは私がイタリア語を話せるということに驚いていますね。

4) Au restaurant, il est fâché que ses crevettes frites ne (être) _____ pas
accompagnées de sauce tartare.
レストランで彼は、自分のエビフライにタルタルソースが付いていないと怒っ
ている。

5) Tous les employés admirent que vous (avoir) _____ des
connaissances spécialisées en informatique.
全社員が、あなたが情報技術に関する専門的な知識をもっていることに感嘆し
ています。

6) Je crains qu'il ne (être) _____ en retard.
私は、彼が遅れてくるのではないかと思う。

7) Tu as peur que ta mère ne se (fâcher) _____ contre toi.
君はお母さんに怒られるんじゃないかと思っているんだね。

8) Je doute que ce témoin (dire) _____ la vérité.
あの証言者が本当のことを言っているとは思えない。

9) Nous regrettons que Jean ne (venir) _____ pas à la fête.
私たちはジャンがパーティーに来ないことを残念に思う。

10) C'est dommage qu'elle n'(apprendre) _____ pas le français.
彼女がフランス語を学ばないことを残念に思う。

5. **( )** の中の動詞を接続法現在に活用させましょう。

1) On ne croit pas que tu (mentir) _____ .
君が嘘をついているなんて誰も思っていない。

2) Nous ne croyons pas que Lupin (vouloir) _____ une telle peinture sans valeur.
ルパンがそんな価値のない絵を欲しがるとは思えません。

3) Même si tu t'entraînes très dur, je ne pense pas que tu (pouvoir) _____ battre Golgo 13.
お前がものすごく訓練しても、ゴルゴ13に勝てるとは思えない。

4) Penses-tu qu'il (reprendre) _____ ses études ?
彼が学業を再開するとあなたは思いますか？

5) Pensez-vous qu'elle (avoir) _____ l'intention de participer à ce projet ?
あなたは彼女にこのプロジェクトに参加する意思があると思いますか？

6) Mon père n'admet pas que je (devenir) _____ comédienne.
父は私が芸人になることを認めない。

7) Il n'est pas évident que ce traitement (être) _____ efficace pour votre maladie.
あなたの病気にこの治療法が効くかは確かではない。

8) Je ne dis pas qu'elle (devoir) _____ supporter cette situation.
彼女がこの状況を我慢すべきだなんて私は言っていない。

9) Nous ne voulons pas que vous (prendre) _____ toutes les responsabilités.
私たちはあなたにすべての責任を負ってほしくなどない。

10) Tu n'est pas sûr qu'il (revenir) _____ au Japon l'année prochaine.
彼が来年日本に戻ってくるか、君は確信していない。

6. 【 】に入る適切な語を下から選び、また（ ）の動詞を接続法現在に活用させて文を完成させましょう。

1) Je vais faire des courses [　]'il ne (pleuvoir) _____ .
2) Cette institutrice explique les nouvelles [　] les enfants les (comprendre) facilement.
3) Tu attends ici [　] ce que je (revenir) _____ .
4) J'amène mon enfant chez le dentiste, [　]'il ne le (vouloir) _____ pas.
5) Je vais garder la pièce chaude de [　] tu ne (prendre) _____ froid.
6) Je te dirai mon secret [　] tu ne le (dire) _____ à personne.

> à condition que(qu')　　afin que(qu')　　avant que(qu')
> bien que(qu')　　peur que(qu')　　jusqu'à

7. （ ）の中の動詞を接続法現在に活用させましょう。

1) Il n'y a aucune voiture qui (passer) _____ dans cette rue si étroite.
あんな狭い道を通る車なんかいないよ。

2) Je cherche quelqu'un qui (être) _____ fort en informatique.
私はパソコンに強い人を探している。

3) Cendrillon n'a pas de robe qui (convenir) _____ pour aller au bal.
シンデレラは舞踏会に来ていくのにふさわしいドレスを持っていません。

4) Sculptez une statue amusante qui (faire) _____ rire tout le monde.
みんなが笑ってしまうような変な銅像を彫ってください。

5) Y a-t-il un restaurant où l'on (servir) _____ du couscous près d'ici ?
クスクスを提供しているレストランはこの近くにありますか？

6) Il n'y a personne qui (vouloir) _____ accepter de telles conditions.
こんな条件をのもうとするやつなどいるか。

7) C'est la meilleure glace à la vanille que je (connaître) _____ .
これは私が知る中で一番おいしいバニラアイスだ。

8) Le onigiri est le seul plat que je (savoir) _____ faire.
おにぎりは私が作れる唯一の料理です。

9) La Terre est la seule planète où les animaux (pouvoir) _____ vivre.
地球は動物が生きることができる唯一の惑星だ。

10) Il est le dernier artisan qui (poursuivre) _____ cet artisanat traditionnel.
彼はこの伝統工芸を受け継ぐ最後の職人だ。

8. ( )の中の動詞を接続法過去に活用させましょう。

1) Je suis content qu'elle _____ _____ de l'hôpital. (sortir)
僕は彼女が退院したのが嬉しい。

2) Je ne pense pas que tu _____ _____ tous ces plats. (manger)
君がその料理を全部食べたとは思えない。

3) Je suis ravie que mon fils _____ _____ son examen d'entrée à l'université. (réussir)
私は息子が大学入試に合格したことがとても嬉しい。

4) Il est bon que tu l'_____ _____ lors de la préparation de cette fête. (aider)
あのパーティーの準備のとき、君が彼を助けてあげたのはいいことです。

5) Il est possible que ce meurtre _____ _____ commis par la même personne. (être)
今回の殺人事件も同一犯による犯行だった可能性がある。

6) Il n'est pas étonnant que de plus en plus d'employés _____ _____ cette entreprise. (quitter)
あの企業を社員たちがどんどんやめていったのは当然だ。

7) Nous admirons le fait que vous _____ _____ le courage de sauver un enfant qui se noyait. (avoir)
あなたが勇敢にもおぼれた子どもを助けたことに我々は感嘆しています。

8) Je doute que cet étudiant _____ vraiment _____ ce rapport. (écrire)
あの学生が本当にこのレポートを書いたのか疑わしく思っている。

9) C'est étrange que Jacques soit en retard. Je crains qu'il n' _____ ___ un accident. (avoir)
ジャックが遅刻するなんておかしい。何か事故にあったのではないかと思う。

10) Je regrette qu'elle _____ _____ _____ avec un autre homme que moi. (se marier)
彼女が自分とは別の男と結婚してしまったことを俺は悔やんでいる。

11) Je regrette que nous _____ _____ trop de steaks très chers hier. (manger)
私は昨日、自分たちが高級ステーキを食べすぎたことを後悔している。

12) Je ne comprends pas qu'une seule bière t' _____ _____ si ivre hier. (rendre)
君が昨日、ビール一杯であんなに酔っぱらったことが理解できない。

13) On ne dit pas que votre projet _____ _____ un échec. (être)
君のプロジェクトが失敗だったなんて、誰も言っていないよ。

14) Nous ne comprenons pas que notre professeur nous _____ _____ une telle quantité de devoirs. (donner)
私たちは先生があんなに大量の宿題を私たちに出したことが理解できない。

15) Je signe le contrat bien que mes collègues _____ _____ leur désaccord. (exprimer)
同僚からは反対されていたが、私は契約書にサインする。

16) Nous ne pouvons pas respecter les délais quoique nous _____ _____ tout ce que nous pouvions. (faire)
私たちができることはすべてやりましたが、締切に間に合いません。

17) Il est le seul témoin qui _____ _____ l'accident. (voir)
彼はその事故を目撃した唯一の証言者です。

18) Venise est la plus belle ville où nous _____ jamais _____ . (voyager)
ヴェネチアは私たちが旅行した中で一番美しい都市だ。

9. **（ ）の中の動詞を直説法か接続法の適切な形に活用させましょう。**

1) J'habite dans une maison qui (avoir) _____ une grande salle de bains.
大きなバスルームがある家に住んでいます。

2) Je ne dis pas que mon collègue (devoir) _____ faire ce travail.
僕は同僚がこの仕事をすべきだなんて言っていない。

3) Je doute que mon mari me (être) _____ fidèle.
私は夫が浮気をしているのではないかと疑っている。

4) Je suis sûre que mon mari m'(être) _____ infidèle.
私は夫が浮気をしていると確信している。

5) Je n'ai qu'un véritable ami qui ne me (dire) _____ que la vérité.
私には、本当のことしか言わない真の友達が一人だけいる。

6) Il n'y a pas d'ami qui ne (dire) _____ pas de mensonges.
嘘を言わない友達などいない。

7) Mon mari est la personne la plus sérieuse que je (connaître) _____ .
夫は私が知る中で最も真面目な人だ。

8) Mon mari est un homme sérieux à qui ma mère (faire) _____ confiance.
夫は真面目な人で、私の母も信頼を置いている。

10. 空欄を埋めて文を完成させましょう。

1) 私はあなたに今度のレセプションに出席してほしいと思っております。

J'＿＿＿＿ que ＿＿＿ ＿＿＿＿ à la ＿＿＿＿ ＿＿＿＿ .

2) たくさんの友達が君の誕生日パーティーに来てくれること、君は嬉しいかい？

Es-＿＿ ＿＿＿ que plusieurs de ＿＿＿ ＿＿＿ ＿＿＿ à ta fête

＿＿＿＿ ?

3) あなたがこの歌手を好きかどうかわからないのですが、彼のコンサートのチケットをあげます。

Je ne suis pas sûr ＿＿＿ ＿＿＿ ＿＿＿ ce chanteur, mais ＿＿ ＿＿

＿＿＿ ＿＿ ＿＿＿ pour son concert.

4) ソフィーは僕が今まで付き合った女の子の中で一番かわいい。

Sophie ＿＿＿ ＿＿ ＿＿＿ ＿＿＿ ＿＿＿ avec qui ＿＿ ＿＿＿ ＿＿＿ .

練 習 問 題 解 答

1. 1) sois　2) fassiez　3) aies　4) sortent　5) sache　6) voient
7) comprenions　8) dises　9) puisse　10) veuille　11) aillent
12) devions

2. 1) souviennes　2) souvienne　3) souveniez　4) soient　5) sois　6) sois
7) fassions　8) fassiez　9) fassent　10) fasses

3. 1) rentre　2) sorte　3) taise　4) aille　5) fasse　6) dise　7) donniez
8) sois　9) puissent　10) veuille

4. 1) mangent　2) fasses　3) sache　4) soient　5) ayez　6) soit　7) fâche
8) dise　9) vienne　10) apprenne

5. 1) mentes　2) veuille　3) puisses　4) reprenne　5) ait　6) devienne
7) soit　8) doive　9) preniez　10) revienne

6. 1) avant qu' / pleuve　2) afin que / comprennent　3) jusqu'à / revienne
4) bien qu' / veuille　5) peur que / prennes　6) à condition que / dises
［和訳］1) 雨が降る前に買い物に行きます。　2) その先生は子どもたちが簡単
に理解できるようにニュースを説明する。　3) 私が戻ってくるまでここで待っ
ていてね。　4) 子どもが嫌がっていても、私はその子を歯医者に連れていく。
5) 君が風邪をひかないように、部屋を暖めておきますね。　6) 誰にも言わな
いという条件で、私の秘密を君に教えよう。

7. 1) passe　2) soit　3) convienne　4) fasse　5) serve　6) veuille
7) connaisse　8) sache　9) puissent　10) poursuive

8. 1) soit sortie　2) aies mangé　3) ait réussi　4) aies aidé　5) ait été
6) aient quitté　7) ayez eu　8) ait / écrit　9) ait eu　10) se soit mariée
11) ayons mangé　12) ait rendu　13) ait été　14) ait donné
15) aient exprimé　16) ayons fait　17) ait vu　18) ayons / voyagé

9. 1) a　2) doive　3) soit　4) est　5) dit　6) dise　7) connaisse　8) fait

10. 1) J'aimerais que vous assistiez à la prochaine réception.
2) Es-tu content que plusieurs de tes amis viennent à la fête d'anniversaire ?
3) Je ne suis pas sûr que vous aimiez ce chanteur, mais je vous offre un
billet pour son concert.
4) Sophie est la plus jolie fille avec qui je sois sorti.

16 その他の構文
受動態・現在分詞

受動態

　主語が「〜する」という文を能動態というのに対して、受動態は主語が「〜される」という内容を表す。

> ### être + 他動詞の過去分詞 + par / de 動作主

・過去分詞は主語の性・数に一致する。
・動作主を示す必要がない場合は省略する。
・能動態の他動詞の直接目的語が、受動態の主語になる。間接目的語は受動態の主語にはなれない。

能動態　Le peuple respecte la reine de ce pays.
　　　　　主語　　　　　　　　直接目的語

　　　　　　　　　　　　　　　国民はこの国の女王を尊敬している。

受動態　La reine de ce pays **est respectée du** peuple.
　　　　　主語　　　　　　　　　　　　　　　動作主

　　　　　　　　　　　　　　　この国の女王は国民から尊敬されている。

par と de の使い分け

　par は一時的な行為を表すときに、de は持続的な感情や状態を表すときに用いる。

　Les voleurs **ont été arrêtés par** la police.　泥棒たちは警察に逮捕された。

　Le sommet du Mont Fuji **était couvert de** neige.

　　　　　　　　　　　　　　　富士山の頂上は雪で覆われていた。

◎受動態の時制

　受動態の時制は être の時制によって決まる。

　Un gros arbre dans le parc **a été renversé** par le dernier typhon.

　　　　　　　　　　この前の台風で、公園の大きな木がなぎ倒された。（複合過去）

　Le salon **sera rangé** par ma mère.

　　　　　　　　　　　　　客間は母が片付けてくれるでしょう。（単純未来）

　フランス語では、受動態で表現する必要性があるときには受動態が用いられるが、そうでないときは、能動態や代名動詞の受動用法（ただし、主語は意思を持たない物や事柄で、主語の一般的な性質や属性を表現するときのみ）の表現が好まれる。

　Le français est parlé au Québec.　ケベックではフランス語が話されている。

　　　→ On parle le français au Québec.

　　　→ Le français se parle au Québec.

現在分詞

$$\boxed{\text{語幹} + \text{ant}}$$

・語幹は、直説法現在の nous の活用語尾 -ons をとった形。
chanter → nous chantons → chantant　　finir → nous finissons → finissant
例外　avoir → ayant　être → étant　savoir → sachant
・助動詞の現在分詞＋過去分詞で複合形となる。
・性・数の変化はない。

◎現在分詞の用法

関係節（形容詞節）qui ＋動詞に代わり、もっとも近い名詞・代名詞を修飾する。
Il a réconforté la jeune fille **pleurant**(=qui pleurait).

彼は泣いている女の子を励ました。

主語の同格として同時性、先行性（複合形の場合）、理由、条件、対立・譲歩などを表す。
（分詞構文）

Étant enseignante, j'essaie d'évaluer mes élèves de manière équitable.

私は先生なので、生徒たちの公平な評価を心がけます。

Ayant beaucoup **travaillé** hier soir, je peux répondre aux questions du professeur.

昨夜たくさん勉強したので、先生の質問に答えられる。

◎ジェロンディフ

en ＋現在分詞の形で副詞句として動詞・文を修飾し、同時性、理由、手段、条件、対立・譲歩などを表す。主語は主節の主語と一致する。
J'ai rencontré Pierre et Marie, **en sortant** du cinéma.

僕は映画館から出るときに、ポールとマリーに出会った。

［参考］J'ai rencontré Pierre et Marie, sortant du cinéma.

僕は映画館から出てくるポールとマリーに出会った。

En la **voyant** déçue, je l'ai réconfortée.

彼女ががっかりしているのを見て、私は彼女を励ました。

En lisant le journal, il a beaucoup appris.

新聞を読むことで、彼は多くのことを学んだ。

Tu casseras ton portable, **en** l'**utilisant** comme ça.

そんな使い方していたら、携帯を壊しちゃうよ。

Tout **en étant** malade, Paul est allé à l'école.　病気なのにポールは学校に行った。

練習問題

1. ( )の動詞を受動態の現在形に活用させましょう。

1) Paris (visiter) _____ _____ par un grand nombre de touristes étrangers chaque année.
パリは毎年多くの外国人観光客によって訪れられる。

2) Cette crêpe (accompagner) _____ _____ d'une sauce au caramel.
そのクレープにはキャラメルソースが添えられている。

3) Chaque matin, le courrier (apporter) _____ _____ par le facteur.
毎朝、郵便物が郵便配達人によって届けられる。

4) Cette application (utiliser) _____ _____ par les internautes depuis longtemps.
このアプリケーションはずいぶん前からインターネットユーザーに活用されてきている。

5) Votre adresse e-mail (inscrire) _____ certainement _____ sur la liste.
あなたのメールアドレスは確かにリストに登録されています。

6) Cette chanteuse coréenne (connaître) _____ très _____ des jeunes au Japon.
この韓国の歌手は日本の若者たちに大変良く知られている。

7) La cuisine marocaine (servir) _____ _____ dans ce restaurant.
このレストランではモロッコ料理が供される。

8) Les techniques traditionnelles (apprendre) _____ _____ par les nombreux apprentis de cet artisan.
それらの伝統的な技法はこの職人の多くの弟子たちによって学ばれる。

2. ( )の動詞を受動態の複合過去形にしましょう。

1) Grâce aux efforts des ingénieurs, le danger d'explosion (éviter) ___ _____ _____ .
技師たちの尽力のおかげで、爆発の危険は回避された。

2) La voiture (arrêter) ___ _____ _____ par un homme qui faisait de l'auto-stop.
その車は、ヒッチハイクをしている男性により止められた。

3) Le mois dernier, nous (inviter) _____ ___ _____ à dîner par Monsieur et Madame Yamaguchi.
先月、私たちは山口夫妻にディナーに招待された。

4) Leurs plans (changer) _____ _____ _____ à la dernière minute.
彼らの計画は、実行間際になって変更された。

5) Les lettres de ma mère (garder) _____ _____ précieusement _____ par
mon père.
母の手紙は父が大切に保管していた。

6) Après l'accident, les blessés (conduire) ___ ___ immédiatement _____
à l'hôpital.
事故の後、負傷者たちは即座に病院に運ばれた。

7) Ce dessin (dessiner) ___ _____ _____ par mon fils.
この絵は、私の息子によって描かれた。

8) Un centre commercial (construire) ___ ___ _____ sur l'ancien site de
l'exposition universelle.
万博の跡地にはショッピングモールが建設された。

9) Le lion de Némée (battre) ___ _____ _____ par Hercule.
ネメアの獅子はヘラクレスによって倒された。

10) Le voleur (apercevoir) ___ _____ _____ devant ce bâtiment.
泥棒はこのビルの前で目撃された。

3. **（ ）の動詞を受動態の単純未来形にしましょう。**

1) La fête d'anniversaire de Kazuya (préparer) _____ _____ par ses amis.
カズヤの誕生日パーティーは友人たちによって準備されるでしょう。

2) Cette histoire drôle (raconter) _____ longtemps _____ entre amis.
この面白い話は、友達の間でずっと語り継がれるだろう。

3) Malheureusement, les loyers en retard ne (payer) _____ probablement
jamais _____ .
残念ですが、滞納された家賃は決して支払われることはないでしょう。

4) Leur bonheur ne (perdre) _____ pas _____ à jamais.
彼らの幸せは永遠に失われることはないでしょう。

5) De nouveaux modèles d'ordinateurs (produire) _____ _____ les uns
après les autres.
新しいモデルのパソコンが次々に生産されるでしょう。

6) Un trophée commémoratif (offrir) _____ _____ au lauréat.
受賞者には記念のトロフィーが贈呈されます。

7) Son comportement semble mystérieux, mais avec le temps, il
(comprendre) _____ _____ .
彼の行動は謎めいているが、いずれ理解されるだろう。

8) Même si on peut cacher les défauts de cette machine pour le moment, ils (découvrir) _____ _____ tôt ou tard.
たとえこの機械の欠陥を今は隠せても、いずれ見つかることになるだろう。

4. 次の能動態の文を受動態に書きかえましょう。

1) Vous m'avez sauvée.
→ J' _____ _____ _____ _____ vous.

2) Il saisit parfaitement le contenu difficile de ce livre.
→ Le contenu difficile de ce livre _____ parfaitement _____ ___ lui.

3) Si tu mets une assiette dans un tel endroit, quelqu'un la cassera.
→ Si tu mets une assiette dans un tel endroit, _____ _____ _____ ___ quelqu'un.

4) Le médecin ajoutera quelques mots d'explication sur le traitement.
→ Quelques mots d'explication _____ _____ ___ le médecin sur le traitement.

5. （ ）の動詞を現在分詞にしましょう。

1) J'ai pris le déjeuner avec un collègue (parler) _____ turc.
僕はトルコ語を話す同僚と一緒にランチを食べた。

2) Je n'ai plus besoin de ce frigo (faire) _____ tant de bruit.
私はもう、あのめっちゃうるさい冷蔵庫はいらない。

3) La fille (danser) _____ le hula là-bas est ma petite amie.
あそこでフラダンスを踊っている女の子が僕の彼女だよ。

4) Heureusement, il y a eu un certain nombre de personnes (voir) _____ ___ l'accident.
幸いにも事故を目撃した人が何人かいた。

5) (avoir) _____ faim, je vais faire des pâtes.
おなかがすいたので、パスタを作ろう。

6) Mon professeur, (prendre) _____ un stylo, a commencé à écrire beaucoup de formules algébriques.
私の先生はペンを取ると、たくさんの代数式を書きだした。

7) Bien que ne (connaître) _____ pas la réponse, il prétend la connaître.
彼は答えを知らないのに、知っていると言い張っています。

8) (faire) _____ davantage confiance aux personnes qui vous entourent, vous vivrez plus aisément.
周りの人をもっと信頼したら、もっと楽に生きられますよ。

9) Bien qu'(être) _____ amoureuse de Gérémy, je ne montre aucun signe
   d'affection pour lui.
   ジェレミーのことが大好きだけど、私は彼を好きなそぶりは見せない。

10) Le bébé, (voir) _____ un vrai ours pour la première fois, s'est mis à
    pleurer.
    赤ちゃんは本物の熊を初めて見て泣き出してしまった。

6. （ ）の動詞を現在分詞の複合形にしましょう。

1) (travailler) _____ beaucoup _____, je pense avoir une bonne note.
   たくさん勉強したので、いい成績が取れると思う。

2) (entrer) _____ _____ aux toilettes il y a dix minutes, mon père devrait
   bientôt en sortir.
   10 分前にトイレに入ったので、お父さんはもうすぐ出てくるだろう。

3) Taro, (terminer) _____ _____ son travail, est sorti prendre un verre avec
   ses collègues.
   太郎は仕事を終え、同僚たちと飲みに行った。

4) (sortir) _____ _____ sous la pluie, nous sommes trempés jusqu'aux
   os.
   雨の中出かけたので、ずぶぬれです。

5) Mon fils (naître) _____ ____, je passe plus de temps avec ma famille.
   息子が生まれてからは、家族と過ごす時間が増えました。

6) (partir) _____ _____ plus tôt, nous serions déjà à la gare.
   もっと早く家を出ていたら、私たち、今頃はもう駅に着いていたのに。

7) (manger) _____ trop _____, j'ai vraiment sommeil maintenant.
   食べすぎてしまったので、今すごく眠いです。

8) (devenir) _____ _____ riche, il a acheté une nouvelle maison.
   お金持ちになったので、彼は新しい家を買った。

9) (rentrer) _____ _____ tôt chez moi, je vais regarder deux DVD ce soir.
   早く帰宅したので、今夜は 2 本の DVD を見よう。

10) (éviter) _____ _____ les routes dangereuses, nous avons pu transporter
    nos colis en toute sécurité.
    危険な道を回避したので、私たちは安全に荷物を輸送できた。

7. 次のジェロンディフの文の用法を **a** 〜 **d** から選びましょう。

1) J'ai découvert ces nouvelles en regardant le journal télévisé. [　]
2) En étant plus prudent, tu n'aurais pas commis cette erreur. [　]
3) Parfois, ma mère fait la cuisine en chantant. [　]
4) En me regardant dans les yeux, il m'a parlé sérieusement. [　]
5) En vous levant plus tôt, vous n'auriez pas été en retard à la réunion.
   [　]
6) Tout en disant qu'elle ne veut pas de gâteau, ma sœur le regarde
   fixement. [　]

> a. 同時性　　b. 手段　　c. 譲歩・対立　　d. 条件

8. 空欄を埋めて文を完成させましょう。

1) 父が私の大切な写真を燃やしてしまった。
   Mes précieuses photos _____ _____ _____ ___ mon père.
2) 早く出発しすぎたために、私たちはここにあまりに早く着いてしまった。
   _____ _____ trop tôt, _____ _____ arrivés ___ trop tôt.
3) 眠れる森の美女は王子様のキスによって目覚めさせられる。
   La Belle au bois _____ _____ _____ _____ le baiser du prince.
4) この道をまっすぐ行ったら、左手に図書館が見えます。
   ___ _____ tout droit dans cette rue, _____ _____ ___ _____ à
   votre gauche.

練 習 問 題 解 答

1. 1) est visité　2) est accompagnée　3) est apporté　4) est utilisée
5) est / inscrite　6) est / connue　7) est servie　8) sont apprises

2. 1) a été évité　2) a été arrêtée　3) avons été invités
4) ont été changés　5) ont été / gardées　6) ont été / conduits
7) a été dessiné　8) a été construit　9) a été battu　10) a été aperçu

3. 1) sera préparée　2) sera / racontée　3) seront / payés　4) sera / perdu
5) seront produits　6) sera offert　7) sera compris　8) seront découverts

4. 1) J'ai <u>été</u> <u>sauvée</u> <u>par</u> vous.
2) Le contenu difficile de ce livre <u>est</u> parfaitement <u>saisi</u> <u>par</u> lui.
3) Si tu mets une assiette dans un tel endroit, <u>elle</u> <u>sera</u> <u>cassée</u> <u>par</u>
quelqu'un.
4) Quelques mots d'explication <u>seront</u> <u>ajoutés</u> <u>par</u> le médecin sur le traitement.

[和訳] 1) 私はあなたに救われました。　2) 彼はこの本の難解な内容を完璧に
把握している。　3) そんなところにお皿を置いていたら、誰かが割ってしまうよ。
4) その治療について、医師が一言説明を付け加えます。

5. 1) parlant　2) faisant　3) dansant　4) ayant vu　5) Ayant　6) prenant
7) connaissant　8) Faisant　9) Étant　10) voyant

6. 1) Ayant / travaillé　2) Étant entré　3) ayant terminé　4) Étant sortis
5) étant né　6) Étant parti　7) Ayant / mangé　8) Étant devenu
9) Étant rentré　10) Ayant évité

7. 1) b　2) d　3) a　4) a　5) d　6) c

[和訳] 1) 私はこれらのニュースをテレビのニュースを見て知った。　2) もっ
と注意していれば、君はこんな失敗はしなかったでしょう。　3) 時々私の母は
歌いながら料理する。　4) 私の目を見ながら、彼は私に真剣に話した。　5) もっ
と早起きしていれば、あなたは会合に遅刻しなかったのに。　6) 姉はケーキは
いらないと言いながらも、そのケーキをじっと見ている。

8. 1) Mes précieuses photos <u>ont</u> <u>été</u> <u>brûlées</u> <u>par</u> mon père.
2) <u>Étant</u> <u>partis</u> trop tôt, <u>nous</u> <u>sommes</u> arrivés <u>ici</u> trop tôt.
3) La Belle au bois <u>dormant</u> <u>est</u> <u>réveillée</u> <u>par</u> le baiser du prince.
4) <u>En</u> <u>continuant</u> tout droit dans cette rue, <u>vous</u> <u>verrez</u> <u>la</u> <u>bibliothèque</u> à
votre gauche.

非人称構文は、何もささない、形式上の主語として il を用いる文である。
非人称構文でしか使わない動詞と、通常の文でも非人称構文でも使う動詞とがある。

1. 天候

faire を使うほか、天候を表す動詞もある。

faire beau / mauvais 天気がいい／悪い	*faire nuageux* 曇っている
faire chaud / froid / frais 暑い／寒い／涼しい	*faire ～ degrés* 気温～度だ

pleuvoir 雨が降る	*neiger* 雪が降る	*tonner* 雷が鳴る
venter 風が吹く	*grêler* 雹が降る	*bruiner* 霧雨が降る

2. 時刻

il est ～　～時である

Il est trois heures.　3時です。

3. さまざまな非人称動詞

il faut ～しなければならない	*il se passe* 起こる、行われる
il manque ～が足りない	*il se passe de* ～なしですませる
il arrive ～が起きる	*il convient* ～すべきだ
il s'agit de ～のことだ、～が問題だ	*il reste* ～が残っている
il paraît ～らしい、～と思われる	*il plaît de* 不定詞　～するのが好きだ
il semble ～に思える	*il plaît que* 接続法　～なのはうれしい
il vaut mieux 不定詞／*que* 接続法 ～するほうがいい	

Il te **faut** faire tes devoirs avant le dîner.　夕食の前に宿題をする必要があります。
Il manque une pièce à ce puzzle.　このジグソーパズルは 1 ピース欠けている。
Cette année-là, **il est arrivé** quelque chose d'inattendu à ma famille.
その年、私の家族に予想外のことが起こった。
Lisons ensemble cet article. De quoi **s'agit-il** ?
みんなでこの記事を読んでいきましょう。記事のテーマは何ですか？
Il paraît qu'un grand tremblement de terre a frappé l'Amérique du Sud.
南米で大きな地震が起こったそうだ。
Il ne **se passe** pas d'année que je ne visite la tombe de mes grands-parents.
私が祖父母の墓参りに行かない年はない。
Il me **plaît de** sortir sous la pluie.　私は雨の日に外出するのが好きだ。

1. 日本語を参考に、空欄に適切な動詞を指定された時制に活用して入れましょう。

1) Il _____ demain.（単純未来）
明日雨が降るだろう。

2) Il ____ _____ avant-hier.（複合過去）
一昨日雨が降った。

3) Quand elle est sortie hier, il _____ .（半過去）
昨日彼女が外出したとき、雨が降っていた。

4) Il n' __ pas _____ l'hiver dernier.（複合過去）
昨冬は雪が降らなかった。

5) Attention, il _____ bientôt.（単純未来）
注意しなさい、もうすぐひょうが降るよ。

6) Il _____ très fort pendant le typhon.（直説法現在）
台風の間、風がとても強く吹く。

7) Au Japon, il _____ très chaud au mois d'août.（直説法現在）
日本では、8月とても暑くなります。

8) Ce soir il _____ très froid.（直説法現在）
今夜はとても寒いね。

9) En automne, il _____ frais au matin.（直説法現在）
秋になると朝は涼しい。

10) Il _____ fort. Ne sortez pas.（直説法現在）
雷が激しく鳴っています。外へ出てはいけません。

11) Il ____ _____ un temps magnifique ce jour-là.（複合過去）
あの日は素晴らしい天気だった。

12) Comme il _____ nuageux, on ne pouvait pas voir clairement l'éclipse lunaire.（半過去）
曇っていたので、月食はよく見えなかった。

2. 日本語を参考に、空欄に適切な動詞を活用させて入れましょう。

1) Il _____ faire attention à la marche quand vous descendez de ce train.
この電車から降りるときは足元（段差）に気をつけなければなりません。

2) Il _____ à cet enfant l'amour de sa mère.
この子には母親の愛情が足りない。

3) Il _____ du respect envers nous dans ses actions.
彼の行動には私たちへの敬意が欠けている。

4) Quoi qu'il _____ , il faut rester calme.
何が起ころうとも、落ち着いていなくてはいけないよ。

5) Il me _____ l'argent de déménager.
僕には引っ越しをするだけのお金がないのだ。

6) Enfin, il _____ le jour de l'examen final.
ついに最終試験の日がやってくる。

7) Avez-vous tout ce qu'il vous _____ ?
必要なものはすべてお揃いですか？

8) J'ai beaucoup de soucis. Il s' _____ de ma famille.
私には心配事がたくさんある。家族のことだ。

9) Il _____ que vous donniez un modèle à vos enfants.
あなたは子どもたちにを手本を示すべきだ。

10) Il me _____ que Masato est fatigué.
マサトは疲れているように思う。

11) Il ne se _____ pas de jour que Miki ne pense à Haruki.
ミキがハルキのことを考えない日はない。

12) Il _____ impossible à Anne de préparer plusieurs plats en même temps.
アンヌには、一度にたくさんの料理を準備するなど、不可能に思えます。

13) Dans la librairie en ligne, il ne _____ qu'un seul exemplaire de ce livre en stock.
オンライン書店では、その本の在庫は一冊しか残っていない。

14) Il me _____ que Yuto pourrait vivre n'importe où.
私にはユウトはどこででも生きていけるように思える。

15) Il _____ qu'Atsuhiro est devenu le président d'une grande entreprise.
アツヒロは大企業の社長になったという噂だ。

16) Il te _____ avoir plus confiance en tes capacités.
君はもっと自分の能力を信じるべきだ。

17) Un nouveau professeur est arrivé. Il s' _____ de Monsieur Mori.
新しい先生が来た。森先生のことだ。

18) Il s' _____ _____ bien des choses l'année dernière.
去年一年、たくさんの出来事がありました。

3. 正しい文になるように【 】の語を並べ替えましょう。

1) ____ ____ ____ ____ rien.
[il / manque / ne / nous]

2) ___ _____ _____ _____ _____ _____ _____ il vous contactera.

[il / faudrait / nous / préveniez / quand / que / vous]

3) ___ ___ _____ _____ une fois de _____ à la loterie.

[arrivé / il / est / gagner / lui]

4) ___ _____ _____ _____ au café ___ _____ de l'université.

[arrive / d'aller / en / il / nous / rentrant]

5) ___ ___ ___ _____ _____ _____ tu ne me réponds pas.

[il / me / ne / pas / plaît / que]

6) ___ ___ ___ ___ _____ _____ jours _____ achever ce manuscrit.

[il / me / ne / pour / que / reste / trois]

7) ___ _____ _____ ___ _____ un pique-nique.

[à / il / nous / préparer / reste]

8) ___ _____ _____ _____ rapidement un travail difficile.

[finir / il / vaut / mieux]

9) ___ _____ _____ _____ ___ _____ la personne responsable de ce problème.

[consulte / il / je / mieux / que / vaut]

10) Il ne _____ _____ _____ .

[d'hésiter / plus / s'agit]

11) ___ ___ _____ _____ _____ ___ cet homme quelque part.

[avoir / déjà / il / me / semble / vu]

12) ___ _____ _____ _____ ___ _____ dans un café en toute tranquillité.

[de / il / lire / livre / lui / plaît / un]

---

4. 空欄を埋めて文を完成させましょう。

1) 箱の中にはまだチョコレートが３つ残っています。

___ _____ _____ _____ chocolats _____ ___ _____ .

2) 交差点で事故が起こった。

___ ___ _____ un accident ___ carrefour.

3) 彼は、自分がもっと多くの休暇を取る必要があると感じている。

___ _____ _____ _____ ___ _____ plus de congés.

4) 怪我をしたくないなら、私の後ろに立たないほうがいい。

Si tu ___ _____ ___ _____ blessé, ___ ___ _____ _____ te tenir _____

___ .

練習問題解答

1. 1) pleuvra　2) a plu　3) pleuvait　4) a / neigé　5) grêlera　6) vente
7) fait　8) fait　9) fait　10) tonne　11) a fait　12) faisait

2. 1) faut　2) manque　3) manque　4) arrive　5) manque　6) arrive
7) faut　8) agit　9) convient　10) paraît　11) passe
12) paraît ＊semble も可　13) reste　14) semble　15) paraît
16) faut　17) agit　18) est passé

3. 1) 1) Il ne nous manque rien.
2) Il faudrait que vous nous préveniez quand il vous contactera.
3) Il lui est arrivé une fois de gagner à la loterie.
4) Il nous arrive d'aller au café en rentrant de l'université.
5) Il ne me plaît pas que tu ne me répondes pas.
6) Il ne me reste que trois jours pour achever ce manuscrit.
7) Il nous reste à préparer un pique-nique.
8) Il vaut mieux finir rapidement un travail difficile.
9) Il vaut mieux que je consulte la personne responsable de ce problème.
10) Il ne s'agit plus d'hésiter.
11) Il me semble avoir déjà vu cet homme quelque part.
12) Il lui plaît de lire un livre dans un café en toute tranquillité.

［和訳］1）私たちに足りないものはない。　2）彼が連絡してきたら、私たちに
教えてください。　3）彼は一度宝くじに当たったことがある。　4）私たちは
大学からの帰りにカフェに行くこともある。　5）あなたが私に返信をよこさな
いのは気に入らない。　6）この原稿を仕上げるのに後3日しかない。　7）私
たちはこれからピクニックの準備をしなくてはならない。　8）難しい仕事はは
やく終わらせる方がいいですよ。　9）この問題は責任者の方にご相談する方が
いいですね。　10）もう迷っている場合ではない。　11）あの人、どこかで見
たことがある気がする。　12）彼はカフェで静かに本を読むのが好きです。

4. 1) Il reste encore trois chocolats dans la boîte.
2) Il est arrivé un accident au carrefour.
3) Il lui semble nécessaire de prendre plus de congés.
4) Si tu ne veux pas être blessé, il ne faut pas te tenir derrière moi.

次の日本語の文をフランス語の文にしましょう。

1) お仕事は何をされていますか？　ー　僕はパン職人です
   お仕事は好きですか？　ー　いいえ、早起きがつらいです。

   ＊早起きがつらい→早起きが苦手

2) リコは「昨日彼氏と一緒に神戸に行った」と言った。（直接話法で）

3) リコは「昨日彼氏と一緒に神戸に行った」と言った。（間接話法で）

4) 先週君が見た映画のタイトルは何ですか？　ー　もう忘れてしまいました。

5) 君はピエールが明日会社を辞めるって知っていますか？
   ー　本当ですか？知りませんでした。もっと彼と話をしておけばよかった。

6) パパ、明日の夜は一緒に晩ご飯が食べられるかな？
   ー　いいや、22時より前には帰ってこられないと思う。ごめんな。

7) この仕事を終え次第、私たちは昼ご飯を食べに行くつもりです。

8) あなたたちは、この夏には旅行に行かれますか？
   ー　はい、沖縄に旅行します。ずっと行きたかったんです。

   ＊ずっと行きたかった→「いつも行きたかった」と考える

9) ルーアンは 1431 年にジャンヌ・ダルクが亡くなった街として知られている。

*ルーアン : Rouen　ジャンヌ・ダルク : Jeanne d'Arc

10) ボルドーの街を知っていますか？

　− はい、3 年前に夫と一緒に旅行しました。それに、小さい頃に両親とも一緒に行きました。

*ボルドー : Bordeaux　それに : de plus

11) 昨日、お父さんがプレゼントしてくれたワンピースを着たのですか？

　− いいえ、着ませんでした。それは明日着るつもりです。

12) 弟さんはお元気ですか？

　− 彼は 3 日前から体調を悪くしています。

　それでは、明後日のパーティーには彼は来られるでしょうか？

　− 彼は行かないと私は思います。

13) 空が曇っていますね。雨が降らないうちに、スーパーに買い物に行きましょう。

14) すみません、奥様、国立図書館はどこですか？

　− この通りを右へ行ってください。そのあと、一番目の信号を左に曲がってください。

15) 妹はチョコレートケーキを食べながら宿題をしていました。彼女はノートに一切れ落としました。

1) Qu'est-ce que vous faites dans la vie ?　− Je suis boulanger.
   Aimez-vous votre travail ?　− Non, j'ai du mal à me lever tôt.

2) Riko a dit : « Je suis allée à Kobe avec mon petit ami hier. »

3) Riko a dit qu'elle était allée à Kobe avec son petit ami la veille.

4) Quel est le titre du film que tu as vu la semaine dernière ?
   − Je l'ai déjà oublié.

5) Sais-tu que Pierre quittera l'entreprise demain ?
   − C'est vrai ? Je ne le savais pas. J'aurais dû davantage parler avec
   lui.

6) Papa, on pourra dîner ensemble demain soir ?
   − Non, je ne pense pas que je puisse rentrer avant 22 heures. Je suis
   désolé.

7) Dès que nous aurons fini ce travail, nous irons déjeuner.

8) Allez-vous voyager cet été ?
   − Oui, nous allons voyager à Okinawa. Nous avons toujours voulu y
   aller.

9) Rouen est connue comme la ville où Jeanne d'Arc est morte en 1431.

10) Connaissez-vous Bordeaux ?
　　— Oui, j'y ai voyagé avec mon mari il y a 3 ans. De plus, j'y suis allée avec mes parents quand j'étais petite.

11) Hier, as-tu porté la robe que ton père t'avait offerte ?
　　— Non, je ne l'ai pas portée. Je la porterai demain.

12) Comment va votre frère ?
　　— Il est malade depuis trois jours.
　　Alors, est-ce qu'il pourra venir à la fête après-demain ?
　　— Je ne crois pas qu'il vienne.

13) Il fait nuageux. Nous allons faire des courses avant qu'il ne pleuve.

14) Excusez-moi, Madame. Où est la bibliothèque nationale ?
　　— Prenez cette rue à droite. Et après, tournez à gauche au premier feu.

15) Ma sœur a fait ses devoirs en mangeant un gâteau au chocolat. Elle a fait tomber un morceau sur son cahier.

主な不規則動詞について、左列に活用形、右列に不定詞を記しています。

A	
a	avoir
acquér- acquerr- acqui- acquièr-	acquérir
admet, admets admett-	admettre
ai, aie, aies aient ait	avoir
aill- all	aller
apercev- aperçoi- aperçoiv- aperçu	apercevoir
apparai- apparaî- apparaisse- apparu	apparaître
appren- appri-	apprendre
as	avoir
assei- assey- assi- assied- assiér- assoi- assoy-	asseoir
attend-	attendre
aur- av- ay-	avoir

B	
bat, bats batt-	battre
boi- boiv- bu- buv-	boire

C	
compren- compri-	comprendre
condui- conduis-	conduire
connai- connaî- connaiss- connu-	connaître
construi- construis-	construire
convainc- convainqu-	convaincre
conven- convien-	convenir
cour-	courir
couru	courir
couvert couvr-	couvrir
craign- crain-	craindre
croi- croy- cru	croire
cui- cuis-	cuire

D	
découvert découvr-	découvrir
décri- décriv-	décrire
défend-	défendre
dépend-	dépendre
descend-	descendre
détrui- détruis-	détruire
devai- devant	devoir
deven-	devenir
devez	devoir
devien-	devenir
deviez	devoir
devions devons devr-	devoir
di- dis- disparai- disparaî- disparaiss- disparu	dire
dit-	dire
doi- doiv-	devoir
dor- dorm-	dormir
dû	devoir

E	
écri- écriv-	écrire
endor- endorm-	endormir
entend-	entendre

es, est étaient étais, était étant été	être
éteign- étein-	éteindre
étend-	étendre
êtes étiez étions	être
eu	avoir

F	
fai- fais-	faire
faille fall-	falloir
fass-	faire
faudr- faut fer- font	falloir

I	
inscri- inscriv-	inscrire
ir-	aller

L	
li- lis- lu	lire

M	
mainten- maintien-	maintenir
men- ment-	mentir

met, mets mett-	mettre
meur-	mourir
mis	mettre
mort	mourir
mour-	mourir

N	
nai- naiss- naît- né	naître

O	
obten- obtien-	obtenir
offert offr-	offrir
ont	avoir
ouvert ouvr-	ouvrir

P	
parai- paraî- paraiss-	paraître
pars, part part-	partir
paru	paraître
parven- parvien-	parvenir
peign-	peigner / peindre
perd-	perdre
permet, permets permett- permi-	permettre
peu- peuv-	pouvoir

plais- plaît	plaire
pleut pleuv-	pleuvoir
plu	plaire / pleuvoir
pourr-	pouvoir
poursui- poursuiv-	poursuivre
pouv-	pouvoir
pren- prend-	prendre
prétend-	prétendre
préven-	prévenir
prévien-	prévenir
pri-	prendre
produi- produis-	produire
promet promets promett- promis	promettre
pu puiss-	pouvoir

R	
recev- reçoi- reçoiv- reçu	recevoir
rédui- réduis-	réduire
remet, remets remett- remis	remettre
rend-	rendre
repar- repart-	repartir

répond- repren- repris	répondre
résolu résolv- résou-	résoudre
reten- retien-	retenir
reven-	revenir
reverr-	revoir
revien-	revenir
revoi- revoy- revu	revoir
ri-	rire

S	
sach- sais, sait saur- sav-	savoir
sen- sent-	sentir
ser-	être
sers, sert serv-	servir
soient soit sommes sont	être
sor- sort-	sortir
souffert souffr-	souffrir
souri-	sourire
souven- souvien-	souvenir
soy-	être

su	savoir
suffi- suffis-	suffire
suis	être / suivre
suiv-	suivre

T	
tai- tais-	taire
ten- tien-	tenir
tu	taire

V	
va	aller
vaill-	valoir
vais	aller
val- valu-	valoir
vas	aller
vau- vaud-	valoir
vécu	vivre
ven-	venir
vend-	vendre
verr-	voir
veuill- veulent veut, veux	vouloir
vien-	venir
vis, vit viv-	vivre
voi-	voir
vont	aller
voud- voul-	vouloir
voy- vu	voir

・ 代動 は代名動詞であることを示します。
・(助 être) は複合時制での助動詞が être であることを示します。
・数字はその動詞の直説法現在での活用のタイプを説明するユニットを示します。

不定詞	主な意味	活用タイプ	ユニット
A			
accepter	～を受け入れる	er	2
accompagner	～と同行する	er	2
acheter	～を買う	er 注	5
admirer	～を尊敬する、～に感心する	er	2
adorer	～を熱愛する	er	2
agir	行動する、作用する	ir	2
s'agir	代動 ～が問題である、～のことである		
aider	～を助ける	er	2
aimer	～を好む、愛する	er	2
aller	(助 être) 行く	超不規則	3
amuser	面白がらせる	er	2
s'amuser	代動 遊ぶ、楽しむ		
annoncer	～を知らせる、予告する	er 注	5
apercevoir	～が見える	cevoir	4
appeler	～を呼ぶ、電話する	er 注	5
s'appeler	代動 ～という名前である、電話をかけ合う		
apporter	～を持っていく	er	2
apprendre	～を学ぶ	ndre / rdre	4
appuyer	押す、もたせかける	er 注	5
arranger	～を整理する、脚色する	er 注	5
arrêter	～を止める、やめる	er	2
arriver	(助 être) 到着する	er	2
asseoir	～を座らせる	oir 特殊	4
assister	参加する、出席する	er	2
assurer	～を断言する、確信させる	er	2
attendre	～を待つ	ndre / rdre	4
avancer	～を進める、前進させる	er 注	5
avoir	～を持っている	超不規則	1
B			
baigner	～を浸す、洗う	er	2
se baigner	代動 水遊びをする、泳ぐ		

不定詞	主な意味	活用タイプ	ユニット
battre	〜を叩く、かき混ぜる、打ち負かす	mettre	4
se battre	代動 けんかする、戦う		
blesser	傷つける	er	2
se blesser	代動 けがをする、傷つく		
boire	〜を飲む	re 特殊	4
bouger	動く	er 注	5
brosser	ブラシをかける	er	2
se brosser	代動 磨く		
brûler	〜を焼く、燃やす	er	2

C

不定詞	主な意味	活用タイプ	ユニット
cacher	〜を隠す	er	2
se cacher	代動 隠れる		
casser	〜を壊す、折る	er	2
se casser	代動 壊れる、自分の〜を折る		
changer	〜を変える	er 注	5
chanter	歌う	er	2
chercher	〜を探す	er	2
choisir	〜を選ぶ	ir	2
commencer	〜を始める	er 注	5
comprendre	〜を理解する	ndre / rdre	4
conduire	運転する	uire	4
connaître	（物、人を）知っている	aître	4
se connaître	代動 知り合う		
construire	建てる	uire	4
consulter	〜を調べる	er	2
continuer	〜を続ける	er	2
convenir	都合がいい	enir	2
coucher	〜を寝かしつける	er	2
se coucher	代動 (助 être)寝る		
couler	流れる	er	2
couper	〜を切る	er	2
se couper	代動 けがをする、自分の〜を切る		
courir	走る	ir 特殊	2
couvrir	覆う	frir / vrir	2
craindre	恐れる	ndre / rdre	4
créer	つくる	er	2
croire	信じる、思う	re 特殊	4
cuire	焼く、煮る、ゆでる	uire	4

不定詞	主な意味	活用タイプ	ユニット
D			
danser	踊る	er	2
décider	決める	er	2
découvrir	〜を発見する	frir / vrir	2
déjeuner	昼ごはんを食べる	er	2
demander	〜を尋ねる、お願いする	er	2
dépêcher	〜を急がせる	er	2
dépendre	〜次第である、頼る	ndre / rdre	4
déranger	〜を散らかす、邪魔する	er 注	5
descendre	(助 être) 降りる	ndre / rdre	4
détruire	破壊する	uire	4
devenir	(助 être) 〜になる	enir	2
devoir	〜しなければならない	oir 特殊	4
dîner	夕食をとる	er	2
dire	〜を言う	超不規則	3
disparaître	消える、なくなる	aître	4
donner	〜を与える、贈る	er	2
dormir	眠る	rXir	2
douter	疑う	er	2
E			
écouter	〜を聞く	er	2
écrire	〜を書く	crire	4
élever	〜を育てる	er 注	5
emmener	連れていく	er 注	5
employer	〜を使う、雇う	er 注	5
endormir	眠らせる、退屈させる	rXir	2
enseigner	〜を教える	er	2
entendre	〜が聞こえる	ndre / rdre	4
entrer	(助 être) 入る	er	2
envoyer	〜を送る	er 注	5
espérer	〜を希望する	er 注	5
essayer	〜を試す	er 注	5
être	〜である、〜にいる	超不規則	1
étudier	〜を勉強する	er	2
éviter	避ける、〜しないようにする	er	2
excuser	〜を許す	er	2
expliquer	〜を説明する	er	2

不定詞	主な意味	活用タイプ	ユニット
F			
faire	〜をつくる、行う	超不規則	3
falloir	〜しなければならない（非人称）	oir 特殊	4
fermer	閉まる、〜を閉める	er	2
finir	終わる、〜を終える	ir	2
frapper	打つ、叩く	er	2
G			
gagner	稼ぐ、勝つ、獲得する	er	2
garder	〜を守る、保管する	er	2
guérir	〜を治す	ir	2
H			
habiller	〜に服を着せる	er	2
habiter	住む	er	2
hésiter	ためらう、迷う	er	2
I			
inscrire	〜を書き込む、登録する	crire	4
intéresser	〜の関心をひく	er	2
s'intéresser	代動 〜に興味をもつ		
inviter	〜を誘う	er	2
J			
jeter	〜を投げる	er 注	5
jouer	遊ぶ、（スポーツを）行う	er	2
L			
laisser	〜を放っておく	er	2
lancer	投げる、発する	er 注	5
laver	〜を洗う	er	2
se laver	代動（自分の体を）洗う		
lever	〜を上げる	er 注	5
se lever	代動（助 être）起きる		
lire	〜を読む	re 特殊	4
M			
manger	〜を食べる	er 注	5
manquer	欠けている	er	2

不定詞	主な意味	活用タイプ	ユニット
marcher	歩く	er	2
marier	～を結婚させる	er	2
mener	～を連れて行く	er 注	5
mentir	嘘をつく	ntir	2
mettre	～を置く	mettre	4
monter	(助 être) 登る、上がる	er	2
montrer	～を見せる	er	2
mourir	(助 être) 死ぬ	ir 特殊	2

N			
nager	泳ぐ	er 注	5
naître	(助 être) 生まれる	aître 特殊	4
neiger	雪が降る（非人称）	er 注	5
nettoyer	きれいにする、掃除する	er 注	5

O			
obéir	従う	ir	2
obtenir	得る、手に入れる	enir	2
offrir	～を贈る	frir / vrir	2
oublier	～を忘れる	er	2
ouvrir	開く	frir / vrir	2

P			
paraître	～のように思われる、現れる	aître	4
parler	話す	er	2
partager	分ける、共有する	er 注	5
partir	(助 être) 出発する	rXir	2
passer	通る	er	2
se passer	代動 起こる、行われる、過ぎる、 　　～なしで済ます		
payer	～を支払う	er 注	5
penser	考える、思う	er	2
perdre	～を失う	ndre / rdre	4
permettre	～を許す、可能にする	mettre	4
peser	重さがある	er 注	5
plaire	～の気にいる	re 特殊	4
pleurer	泣く	er	2
pleuvoir	雨が降る（非人称）	oir 特殊	4

不定詞	主な意味	活用タイプ	ユニット
porter	～を運ぶ、持つ、 （衣服を）身につけている	er	2
se porter	代動 元気である		
poser	～を置く、提示する	er	2
pouvoir	～することができる	oir 特殊	4
préférer	～をより好む	er 注	5
prendre	～を手に取る、食べる、乗る	ndre / rdre	4
préparer	～を準備する	er	2
présenter	～を紹介する	er	2
prêter	～を貸す	er	2
prier	祈る	er	2
produire	～を生産する、引き起こす	uire	4
profiter	～を利用する、活用する	er	2
promener	～を散歩させる	er 注	5
se promener	代動 散歩する		
promettre	約束する	mettre	4

Q

quitter	～を離れる、別れる	er	2

R

raconter	～を語る、物語る	er	2
ranger	整頓する	er 注	5
rappeler	～を呼び戻す	er 注	5
se rappeler	代動 ～を思い出す、覚えている		
rater	乗り損なう、～に失敗する	er	2
recevoir	～を受け取る	cevoir	4
réfléchir	～を反射する、～について考える	ir	2
regarder	～を見る	er	2
regretter	～を懐かしむ、後悔する、残念に思う	er	2
relever	～を起こす、上げる	er 注	5
remercier	～に感謝する	er	2
remettre	（元の場所・状態に）戻す、 （衣服などを）再び身につける、手渡す	mettre	4
remplacer	～を取り替える、代わりをする	er 注	5
remplir	～を満たす、書き込み、果たす	ir	2
rencontrer	～と出会う	er	2
se rencontrer	代動 出会う、知り合う		

不定詞	主な意味	活用タイプ	ユニット
rendre	〜を返す	ndre / rdre	4
se rendre	代動 行く、〜になる		
rentrer	(助 être) 帰る	er	2
réparer	修理する、回復する	er	2
repartir	(助 être) 再び出発する、帰る	rXir	2
répéter	〜を繰り返す	er 注	5
répondre	答える	ndre / rdre	4
reprendre	〜を再び取る、おかわりする、取り戻す	ndre / rdre	4
réserver	〜を予約する	er	2
respecter	〜を尊敬する	er	2
rester	(助 être) 留まる	er	2
retourner	戻る	er	2
retrouver	再び見出す、思い出す	er	2
se retrouver	代動 再会する		
réussir	成功する	ir	2
réveiller	〜の目を覚まさせる	er	2
se réveiller	代動 目を覚ます		
revenir	(助 être) 再び来る	enir	2
revoir	〜に再び会う	oir 特殊	4
rire	笑う	rire	4

S

不定詞	主な意味	活用タイプ	ユニット
saisir	〜をつかむ、把握する	ir	2
sauver	〜を救う	er	2
savoir	(事柄) を知っている	oir 特殊	4
sembler	〜なように思われる	er	2
sentir	匂いがする、〜を感じる	ntir	2
se sentir	代動 自分が〜と感じる		
séparer	〜を引き離す、隔てる	er	2
se séparer	代動 別れる、手放す		
server	〜 (料理など) を出す	rXir	2
se servir	代動 使う		
sonner	鳴る、響く	er	2
sortir	(助 être) 出る	rXir	2
souffrir	苦しむ、苦労する	frir / vrir	2
souhaiter	〜を願う、祈る	er	2
sourire	ほほえむ	rire	4
souvenir	〜を思い出させる	enir	2

不定詞	主な意味	活用タイプ	ユニット
suffire	十分である	re 特殊	4
suivre	〜のあとについていく	re 特殊	4

T

téléphoner	電話する	er	2
tenir	〜を持つ、つかむ	enir	2
terminer	終える	er	2
tirer	〜を引く	er	2
tomber	(助 être) 落ちる、倒れる	er	2
toucher	触れる	er	2
tourner	回る、〜を回す	er	2
travailler	働く、勉強する	er	2
traverser	〜を渡る	er	2
trouver	〜を見つける、気づく	er	2
se trouver	[代動] (場所、状態に)ある、いる、自分が〜だと感じる		

U

utiliser	〜を使う	er	2

V

valoir	値段が〜である、価値がある	oir 特殊	4
vendre	〜を売る	ndre / rdre	4
venir	(助 être) 来る	enir	2
visiter	〜を訪問する	er	2
vivre	生きる、暮らす	re 特殊	4
voir	〜が見える	oir 特殊	4
voler	飛ぶ、〜を盗む	er	2
vouloir	〜を望む	oir 特殊	4
voyager	旅行する	er 注	5

動 詞 活 用 表

1	avoir	18	écrire	35	pouvoir
2	être	19	employer	36	préférer
3	aimer	20	envoyer	37	prendre
4	finir	21	faire	38	recevoir
5	acheter	22	falloir	39	rendre
6	aller	23	fuir	40	résoudre
7	appeler	24	lire	41	rire
8	asseoir	25	manger	42	savoir
9	battre	26	mettre	43	suffire
10	boire	27	mourir	44	suivre
11	conduire	28	naître	45	vaincre
12	connaître	29	ouvrir	46	valoir
13	courir	30	partir	47	venir
14	craindre	31	payer	48	vivre
15	croire	32	placer	49	voir
16	devoir	33	plaire	50	vouloir
17	dire	34	pleuvoir		

不 定 法	直　　説　　法			
① **avoir** 現在分詞 ayant 過去分詞 eu [y]	現　在	半 過 去	単純過去	単純未来
	j'　　**ai** [e] tu　　**as** il　　**a** nous **avons** vous **avez** ils　　**ont**	j'　　avais tu　　avais il　　avait nous avions vous aviez ils　　avaient	j'　　**eus** [y] tu　　**eus** il　　**eut** nous **eûmes** vous **eûtes** ils　　**eurent**	j'　　aurai tu　　auras il　　aura nous aurons vous aurez ils　　auront
	複合過去	大 過 去	前 過 去	前 未 来
	j'　　ai　　eu tu　　as　　eu il　　a　　eu nous avons eu vous avez eu ils　　ont　　eu	j'　　avais　eu tu　　avais　eu il　　avait　eu nous avions eu vous aviez eu ils　　avaient eu	j'　　eus　eu tu　　eus　eu il　　eut　eu nous eûmes eu vous eûtes eu ils　　eurent eu	j'　　aurai　eu tu　　auras　eu il　　aura　eu nous aurons eu vous aurez eu ils　　auront eu
② **être** 現在分詞 étant 過去分詞 été	現　在	半 過 去	単純過去	単純未来
	je　　**suis** tu　　**es** il　　**est** nous **sommes** vous **êtes** ils　　**sont**	j'　　**étais** tu　　**étais** il　　**était** nous **étions** vous **étiez** ils　　**étaient**	je　　**fus** tu　　**fus** il　　**fut** nous **fûmes** vous **fûtes** ils　　**furent**	je　　serai tu　　seras il　　sera nous serons vous serez ils　　seront
	複合過去	大 過 去	前 過 去	前 未 来
	j'　　ai　　été tu　　as　　été il　　a　　été nous avons été vous avez été ils　　ont　　été	j'　　avais　été tu　　avais　été il　　avait　été nous avions été vous aviez été ils　　avaient été	j'　　eus　été tu　　eus　été il　　eut　été nous eûmes été vous eûtes été ils　　eurent été	j'　　aurai　été tu　　auras　été il　　aura　été nous aurons été vous aurez été ils　　auront été
③ **aimer** 現在分詞 aimant 過去分詞 aimé **第1群** **規則動詞**	現　在	半 過 去	単純過去	単純未来
	j'　　aime tu　　aimes il　　aime nous aim**ons** vous aim**ez** ils　　aiment	j'　　aim**ais** tu　　aim**ais** il　　aim**ait** nous aim**ions** vous aim**iez** ils　　aim**aient**	j'　　aim**ai** tu　　aim**as** il　　aim**a** nous aim**âmes** vous aim**âtes** ils　　aim**èrent**	j'　　aime**rai** tu　　aime**ras** il　　aime**ra** nous aime**rons** vous aime**rez** ils　　aime**ront**
	複合過去	大 過 去	前 過 去	前 未 来
	j'　　ai　　aimé tu　　as　　aimé il　　a　　aimé nous avons aimé vous avez aimé ils　　ont　　aimé	j'　　avais　aimé tu　　avais　aimé il　　avait　aimé nous avions aimé vous aviez aimé ils　　avaient aimé	j'　　eus　aimé tu　　eus　aimé il　　eut　aimé nous eûmes aimé vous eûtes aimé ils　　eurent aimé	j'　　aurai　aimé tu　　auras　aimé il　　aura　aimé nous aurons aimé vous aurez aimé ils　　auront aimé
④ **finir** 現在分詞 finissant 過去分詞 fini **第2群** **規則動詞**	現　在	半 過 去	単純過去	単純未来
	je　　finis tu　　finis il　　finit nous fin**issons** vous fin**issez** ils　　fin**issent**	je　　fin**issais** tu　　fin**issais** il　　fin**issait** nous fin**issions** vous fin**issiez** ils　　fin**issaient**	je　　fin**is** tu　　fin**is** il　　fin**it** nous fin**îmes** vous fin**îtes** ils　　fin**irent**	je　　fini**rai** tu　　fini**ras** il　　fini**ra** nous fini**rons** vous fini**rez** ils　　fini**ront**
	複合過去	大 過 去	前 過 去	前 未 来
	j'　　ai　　fini tu　　as　　fini il　　a　　fini nous avons fini vous avez fini ils　　ont　　fini	j'　　avais　fini tu　　avais　fini il　　avait　fini nous avions fini vous aviez fini ils　　avaient fini	j'　　eus　fini tu　　eus　fini il　　eut　fini nous eûmes fini vous eûtes fini ils　　eurent fini	j'　　aurai　fini tu　　auras　fini il　　aura　fini nous aurons fini vous aurez fini ils　　auront fini

条　件　法	接　続　法		命　令　法
現　在	**現　在**	**半　過　去**	
j'　aurais	j'　aie [ɛ]	j'　eusse	
tu　aurais	tu　aies	tu　eusses	aie
il　aurait	il　ait	il　eût	
nous aurions	nous ayons	nous eussions	ayons
vous auriez	vous ayez	vous eussiez	ayez
ils　auraient	ils　aient	ils　eussent	
過　去	**過　去**	**大　過　去**	
j'　aurais　eu	j'　aie　eu	j'　eusse　eu	
tu　aurais　eu	tu　aies　eu	tu　eusses　eu	
il　aurait　eu	il　ait　eu	il　eût　eu	
nous aurions eu	nous ayons eu	nous eussions eu	
vous auriez eu	vous ayez eu	vous eussiez eu	
ils　auraient eu	ils　aient eu	ils　eussent eu	
現　在	**現　在**	**半　過　去**	
je　serais	je　sois	je　fusse	
tu　serais	tu　sois	tu　fusses	sois
il　serait	il　soit	il　fût	
nous serions	nous soyons	nous fussions	soyons
vous seriez	vous soyez	vous fussiez	soyez
ils　seraient	ils　soient	ils　fussent	
過　去	**過　去**	**大　過　去**	
j'　aurais　été	j'　aie　été	j'　eusse　été	
tu　aurais　été	tu　aies　été	tu　eusses　été	
il　aurait　été	il　ait　été	il　eût　été	
nous aurions été	nous ayons été	nous eussions été	
vous auriez été	vous ayez été	vous eussiez été	
ils　auraient été	ils　aient été	ils　eussent été	
現　在	**現　在**	**半　過　去**	
j'　aimerais	j'　aime	j'　aimasse	
tu　aimerais	tu　aimes	tu　aimasses	aime
il　aimerait	il　aime	il　aimât	
nous aimerions	nous aimions	nous aimassions	aimons
vous aimeriez	vous aimiez	vous aimassiez	aimez
ils　aimeraient	ils　aiment	ils　aimassent	
過　去	**過　去**	**大　過　去**	
j'　aurais　aimé	j'　aie　aimé	j'　eusse　aimé	
tu　aurais　aimé	tu　aies　aimé	tu　eusses　aimé	
il　aurait　aimé	il　ait　aimé	il　eût　aimé	
nous aurions aimé	nous ayons aimé	nous eussions aimé	
vous auriez aimé	vous ayez aimé	vous eussiez aimé	
ils　auraient aimé	ils　aient aimé	ils　eussent aimé	
現　在	**現　在**	**半　過　去**	
je　finirais	je　finisse	je　finisse	
tu　finirais	tu　finisses	tu　finisses	finis
il　finirait	il　finisse	il　finît	
nous finirions	nous finissions	nous finissions	finissons
vous finiriez	vous finissiez	vous finissiez	finissez
ils　finiraient	ils　finissent	ils　finissent	
過　去	**過　去**	**大　過　去**	
j'　aurais　fini	j'　aie　fini	j'　eusse　fini	
tu　aurais　fini	tu　aies　fini	tu　eusses　fini	
il　aurait　fini	il　ait　fini	il　eût　fini	
nous aurions fini	nous ayons fini	nous eussions fini	
vous auriez fini	vous ayez fini	vous eussiez fini	
ils　auraient fini	ils　aient fini	ils　eussent fini	

不定法 現在分詞 過去分詞	直　説　法			
	現　在	半　過　去	単純過去	単純未来
⑤ **acheter** achetant acheté	j' achète tu achètes il achète n. achetons v. achetez ils achètent	j' achetais tu achetais il achetait n. achetions v. achetiez ils achetaient	j' achetai tu achetas il acheta n. achetâmes v. achetâtes ils achetèrent	j' achèterai tu achèteras il achètera n. achèterons v. achèterez ils achèteront
⑥ **aller** allant allé	je **vais** tu **vas** il **va** n. allons v. allez ils **vont**	j' allais tu allais il allait n. allions v. alliez ils allaient	j' allai tu allas il alla n. allâmes v. allâtes ils allèrent	j' irai tu iras il ira n. irons v. irez ils iront
⑦ **appeler** appelant appelé	j' appelle tu appelles il appelle n. appelons v. appelez ils appellent	j' appelais tu appelais il appelait n. appelions v. appeliez ils appelaient	j' appelai tu appelas il appela n. appelâmes v. appelâtes ils appelèrent	j' appellerai tu appelleras il appellera n. appellerons v. appellerez ils appelleront
⑧ **asseoir** asseyant (assoyant) assis	j' assieds [asje] tu assieds il assied n. asseyons v. asseyez ils asseyent j' assois tu assois il assoit n. assoyons v. assoyez ils assoient	j' asseyais tu asseyais il asseyait n. asseyions v. asseyiez ils asseyaient j' assoyais tu assoyais il assoyait n. assoyions v. assoyiez ils assoyaient	j' assis tu assis il assit n. assîmes v. assîtes ils assirent	j' assiérai tu assiéras il assiéra n. assiérons v. assiérez ils assiéront j' assoirai tu assoiras il assoira n. assoirons v. assoirez ils assoiront
⑨ **battre** battant battu	je bats tu bats il bat n. battons v. battez ils battent	je battais tu battais il battait n. battions v. battiez ils battaient	je battis tu battis il battit n. battîmes v. battîtes ils battirent	je battrai tu battras il battra n. battrons v. battrez ils battront
⑩ **boire** buvant bu	je bois tu bois il boit n. buvons v. buvez ils boivent	je buvais tu buvais il buvait n. buvions v. buviez ils buvaient	je bus tu bus il but n. bûmes v. bûtes ils burent	je boirai tu boiras il boira n. boirons v. boirez ils boiront
⑪ **conduire** conduisant conduit	je conduis tu conduis il conduit n. conduisons v. conduisez ils conduisent	je conduisais tu conduisais il conduisait n. conduisions v. conduisiez ils conduisaient	je conduisis tu conduisis il conduisit n. conduisîmes v. conduisîtes ils conduisirent	je conduirai tu conduiras il conduira n. conduirons v. conduirez ils conduiront

条　件　法	接　続　法		命 令 法	同　　型
現　　在	現　　在	半 過 去		
j' achèterais tu achèterais il achèterait n. achèterions v. achèteriez ils achèteraient	j' achète tu achètes il achète n. achetions v. achetiez ils achètent	j' achetasse tu achetasses il achetât n. achetassions v. achetassiez ils achetassent	achète achetons achetez	achever lever mener promener soulever
j' irais tu irais il irait n. irions v. iriez ils iraient	j' **aille** tu **aille**s il **aille** n. allions v. alliez ils **aille**nt	j' allasse tu allasses il allât n. allassions v. allassiez ils allassent	**va** allons allez	
j' appellerais tu appellerais il appellerait n. appellerions v. appelleriez ils appelleraient	j' appelle tu appelles il appelle n. appelions v. appeliez ils appellent	j' appelasse tu appelasses il appelât n. appelassions v. appelassiez ils appelassent	appelle appelons appelez	jeter rappeler
j' assiérais tu assiérais il assiérait n. assiérions v. assiériez ils assiéraient	j' asseye [asɛj] tu asseyes il asseye n. asseyions v. asseyiez ils asseyent	j' assisse tu assisses il assît n. assissions v. assissiez ils assissent	assieds asseyons asseyez	注 主として代 名動詞s'asseoir で使われる.
j' assoirais tu assoirais il assoirait n. assoirions v. assoiriez ils assoiraient	j' assoie tu assoies il assoie n. assoyions v. assoyiez ils assoient		assois assoyons assoyez	
je battrais tu battrais il battrait n. battrions v. battriez ils battraient	je batte tu battes il batte n. battions v. battiez ils battent	je battisse tu battisses il battît n. battissions v. battissiez ils battissent	bats battons battez	abattre combattre
je boirais tu boirais il boirait n. boirions v. boiriez ils boiraient	je boive tu boives il boive n. buvions v. buviez ils boivent	je busse tu busses il bût n. bussions v. bussiez ils bussent	bois buvons buvez	
je conduirais tu conduirais il conduirait n. conduirions v. conduiriez ils conduiraient	je conduise tu conduises il conduise n. conduisions v. conduisiez ils conduisent	je conduisisse tu conduisisses il conduisît n. conduisissions v. conduisissiez ils conduisissent	conduis conduisons conduisez	construire détruire instruire introduire produire traduire

不定法 現在分詞 過去分詞	直　　説　　法			
	現　　在	半　過　去	単純過去	単純未来
⑫ **connaître** connaissant connu	je connais tu connais il connaît n. connaissons v. connaissez ils connaissent	je connaissais tu connaissais il connaissait n. connaissions v. connaissiez ils connaissaient	je connus tu connus il connut n. connûmes v. connûtes ils connurent	je connaîtrai tu connaîtras il connaîtra n. connaîtrons v. connaîtrez ils connaîtront
⑬ **courir** courant couru	je cours tu cours il court n. courons v. courez ils courent	je courais tu courais il courait n. courions v. couriez ils couraient	je courus tu courus il courut n. courûmes v. courûtes ils coururent	je courrai tu courras il courra n. courrons v. courrez ils courront
⑭ **craindre** craignant craint	je crains tu crains il craint n. craignons v. craignez ils craignent	je craignais tu craignais il craignait n. craignions v. craigniez ils craignaient	je craignis tu craignis il craignit n. craignîmes v. craignîtes ils craignirent	je craindrai tu craindras il craindra n. craindrons v. craindrez ils craindront
⑮ **croire** croyant cru	je crois tu crois il croit n. croyons v. croyez ils croient	je croyais tu croyais il croyait n. croyions v. croyiez ils croyaient	je crus tu crus il crut n. crûmes v. crûtes ils crurent	je croirai tu croiras il croira n. croirons v. croirez ils croiront
⑯ **devoir** devant dû, due, dus, dues	je dois tu dois il doit n. devons v. devez ils doivent	je devais tu devais il devait n. devions v. deviez ils devaient	je dus tu dus il dut n. dûmes v. dûtes ils durent	je devrai tu devras il devra n. devrons v. devrez ils devront
⑰ **dire** disant dit	je dis tu dis il dit n. disons v. di**t**es ils disent	je disais tu disais il disait n. disions v. disiez ils disaient	je dis tu dis il dit n. dîmes v. dîtes ils dirent	je dirai tu diras il dira n. dirons v. direz ils diront
⑱ **écrire** écrivant écrit	j' écris tu écris il écrit n. écrivons v. écrivez ils écrivent	j' écrivais tu écrivais il écrivait n. écrivions v. écriviez ils écrivaient	j' écrivis tu écrivis il écrivit n. écrivîmes v. écrivîtes ils écrivirent	j' écrirai tu écriras il écrira n. écrirons v. écrirez ils écriront
⑲ **employer** employant employé	j' emploie tu emploies il emploie n. employons v. employez ils emploient	j' employais tu employais il employait n. employions v. employiez ils employaient	j' employai tu employas il employa n. employâmes v. employâtes ils employèrent	j' emploierai tu emploieras il emploiera n. emploierons v. emploierez ils emploieront

条　件　法	接　　続　　法		命 令 法	同　　型
現　　在	現　　在	半 過 去		
je connaîtrais tu connaîtrais il connaîtrait n. connaîtrions v. connaîtriez ils connaîtraient	je connaisse tu connaisses il connaisse n. connaissions v. connaissiez ils connaissent	je connusse tu connusses il connût n. connussions v. connussiez ils connussent	connais connaissons connaissez	apparaître disparaître paraître reconnaître
je courrais tu courrais il courrait n. courrions v. courriez ils courraient	je coure tu coures il coure n. courions v. couriez ils courent	je courusse tu courusses il courût n. courussions v. courussiez ils courussent	cours courons courez	accourir parcourir
je craindrais tu craindrais il craindrait n. craindrions v. craindriez ils craindraient	je craigne tu craignes il craigne n. craignions v. craigniez ils craignent	je craignisse tu craignisses il craignît n. craignissions v. craignissiez ils craignissent	crains craignons craignez	atteindre éteindre joindre peindre plaindre
je croirais tu croirais il croirait n. croirions v. croiriez ils croiraient	je croie tu croies il croie n. croyions v. croyiez ils croient	je crusse tu crusses il crût n. crussions v. crussiez ils crussent	crois croyons croyez	
je devrais tu devrais il devrait n. devrions v. devriez ils devraient	je doive tu doives il doive n. devions v. deviez ils doivent	je dusse tu dusses il dût n. dussions v. dussiez ils dussent		
je dirais tu dirais il dirait n. dirions v. diriez ils diraient	je dise tu dises il dise n. disions v. disiez ils disent	je disse tu disses il dît n. dissions v. dissiez ils dissent	dis disons **dites**	
j' écrirais tu écrirais il écrirait n. écririons v. écririez ils écriraient	j' écrive tu écrives il écrive n. écrivions v. écriviez ils écrivent	j' écrivisse tu écrivisses il écrivît n. écrivissions v. écrivissiez ils écrivissent	écris écrivons écrivez	décrire inscrire
j' emploierais tu emploierais il emploierait n. emploierions v. emploieriez ils emploieraient	j' emploie tu emploies il emploie n. employions v. employiez ils emploient	j' employasse tu employasses il employât n. employassions v. employassiez ils employassent	emploie employons employez	aboyer nettoyer noyer tutoyer

不定法 現在分詞 過去分詞	直　　　説　　　法			
	現　　在	半　過　去	単純過去	単純未来
⑳ **envoyer** envoyant envoyé	j'　envoie tu　envoies il　envoie n.　envoyons v.　envoyez ils　envoient	j'　envoyais tu　envoyais il　envoyait n.　envoyions v.　envoyiez ils　envoyaient	j'　envoyai tu　envoyas il　envoya n.　envoyâmes v.　envoyâtes ils　envoyèrent	j'　enverrai tu　enverras il　enverra n.　enverrons v.　enverrez ils　enverront
㉑ **faire** faisant [fəzɑ̃] fait	je　fais [fɛ] tu　fais il　fait n.　faisons [fəzɔ̃] v.　faites [fɛt] ils　**font**	je　faisais [fəzɛ] tu　faisais il　faisait n.　faisions v.　faisiez ils　faisaient	je　fis tu　fis il　fit n.　fîmes v.　fîtes ils　firent	je　ferai tu　feras il　fera n.　ferons v.　ferez ils　feront
㉒ **falloir** — fallu	il　faut	il　fallait	il　fallut	il　faudra
㉓ **fuir** fuyant fui	je　fuis tu　fuis il　fuit n.　fuyons v.　fuyez ils　fuient	je　fuyais tu　fuyais il　fuyait n.　fuyions v.　fuyiez ils　fuyaient	je　fuis tu　fuis il　fuit n.　fuîmes v.　fuîtes ils　fuirent	je　fuirai tu　fuiras il　fuira n.　fuirons v.　fuirez ils　fuiront
㉔ **lire** lisant lu	je　lis tu　lis il　lit n.　lisons v.　lisez ils　lisent	je　lisais tu　lisais il　lisait n.　lisions v.　lisiez ils　lisaient	je　lus tu　lus il　lut n.　lûmes v.　lûtes ils　lurent	je　lirai tu　liras il　lira n.　lirons v.　lirez ils　liront
㉕ **manger** mangeant mangé	je　mange tu　manges il　mange n.　mangeons v.　mangez ils　mangent	je　mangeais tu　mangeais il　mangeait n.　mangions v.　mangiez ils　mangeaient	je　mangeai tu　mangeas il　mangea n.　mangeâmes v.　mangeâtes ils　mangèrent	je　mangerai tu　mangeras il　mangera n.　mangerons v.　mangerez ils　mangeront
㉖ **mettre** mettant mis	je　mets tu　mets il　met n.　mettons v.　mettez ils　mettent	je　mettais tu　mettais il　mettait n.　mettions v.　mettiez ils　mettaient	je　mis tu　mis il　mit n.　mîmes v.　mîtes ils　mirent	je　mettrai tu　mettras il　mettra n.　mettrons v.　mettrez ils　mettront
㉗ **mourir** mourant mort	je　meurs tu　meurs il　meurt n.　mourons v.　mourez ils　meurent	je　mourais tu　mourais il　mourait n.　mourions v.　mouriez ils　mouraient	je　mourus tu　mourus il　mourut n.　mourûmes v.　mourûtes ils　moururent	je　mourrai tu　mourras il　mourra n.　mourrons v.　mourrez ils　mourront

条　件　法	接　　続　　法		命 令 法	同　　型
現　　在	現　　在	半　過　去		
j' enverrais tu enverrais il enverrait n. enverrions v. enverriez ils enverraient	j' envoie tu envoies il envoie n. envoyions v. envoyiez ils envoient	j' envoyasse tu envoyasses il envoyât n. envoyassions v. envoyassiez ils envoyassent	envoie envoyons envoyez	renvoyer
je ferais tu ferais il ferait n. ferions v. feriez ils feraient	je fasse tu fasses il fasse n. fassions v. fassiez ils fassent	je fisse tu fisses il fit n. fissions v. fissiez ils fissent	fais faisons faites	défaire refaire satisfaire
il faudrait	il faille	il fallût		
je fuirais tu fuirais il fuirait n. fuirions v. fuiriez ils fuiraient	je fuie tu fuies il fuie n. fuyions v. fuyiez ils fuient	je fuisse tu fuisses il fuît n. fuissions v. fuissiez ils fuissent	fuis fuyons fuyez	s'enfuir
je lirais tu lirais il lirait n. lirions v. liriez ils liraient	je lise tu lises il lise n. lisions v. lisiez ils lisent	je lusse tu lusses il lût n. lussions v. lussiez ils lussent	lis lisons lisez	élire relire
je mangerais tu mangerais il mangerait n. mangerions v. mangeriez ils mangeraient	je mange tu manges il mange n. mangions v. mangiez ils mangent	je mangeasse tu mangeasses il mangeât n. mangeassions v. mangeassiez ils mangeassent	mange mangeons mangez	changer déranger nager obliger partager voyager
je mettrais tu mettrais il mettrait n. mettrions v. mettriez ils mettraient	je mette tu mettes il mette n. mettions v. mettiez ils mettent	je misse tu misses il mît n. missions v. missiez ils missent	mets mettons mettez	admettre commettre permettre promettre remettre
je mourrais tu mourrais il mourrait n. mourrions v. mourriez ils mourraient	je meure tu meures il meure n. mourions v. mouriez ils meurent	je mourusse tu mourusses il mourût n. mourussions v. mourussiez ils mourussent	meurs mourons mourez	

不定法 現在分詞 過去分詞	直　　説　　法			
	現　　在	半 過 去	単純過去	単純未来
㉘ **naître** naissant né	je nais tu nais il naît n. naissons v. naissez ils naissent	je naissais tu naissais il naissait n. naissions v. naissiez ils naissaient	je naquis tu naquis il naquit n. naquîmes v. naquîtes ils naquirent	je naîtrai tu naîtras il naîtra n. naîtrons v. naîtrez ils naîtront
㉙ **ouvrir** ouvrant ouvert	j' ouvre tu ouvres il ouvre n. ouvrons v. ouvrez ils ouvrent	j' ouvrais tu ouvrais il ouvrait n. ouvrions v. ouvriez ils ouvraient	j' ouvris tu ouvris il ouvrit n. ouvrîmes v. ouvrîtes ils ouvrirent	j' ouvrirai tu ouvriras il ouvrira n. ouvrirons v. ouvrirez ils ouvriront
㉚ **partir** partant parti	je pars tu pars il part n. partons v. partez ils partent	je partais tu partais il partait n. partions v. partiez ils partaient	je partis tu partis il partit n. partîmes v. partîtes ils partirent	je partirai tu partiras il partira n. partirons v. partirez ils partiront
㉛ **payer** payant payé	je paie [pɛ] tu paies il paie n. payons v. payez ils paient - - - - - - - - je paye [pɛj] tu payes il paye n. payons v. payez ils payent	je payais tu payais il payait n. payions v. payiez ils payaient	je payai tu payas il paya n. payâmes v. payâtes ils payèrent	je paierai tu paieras il paiera n. paierons v. paierez ils paieront - - - - - - - - je payerai tu payeras il payera n. payerons v. payerez ils payeront
㉜ **placer** plaçant placé	je place tu places il place n. plaçons v. placez ils placent	je plaçais tu plaçais il plaçait n. placions v. placiez ils plaçaient	je plaçai tu plaças il plaça n. plaçâmes v. plaçâtes ils placèrent	je placerai tu placeras il placera n. placerons v. placerez ils placeront
㉝ **plaire** plaisant plu	je plais tu plais il plaît n. plaisons v. plaisez ils plaisent	je plaisais tu plaisais il plaisait n. plaisions v. plaisiez ils plaisaient	je plus tu plus il plut n. plûmes v. plûtes ils plurent	je plairai tu plairas il plaira n. plairons v. plairez ils plairont
㉞ **pleuvoir** pleuvant plu	il pleut	il pleuvait	il plut	il pleuvra

条 件 法	接 続 法		命 令 法	同 型
現　在	現　在	半 過 去		
je naîtrais tu naîtrais il naîtrait n. naîtrions v. naîtriez ils naîtraient	je naisse tu naisses il naisse n. naissions v. naissiez ils naissent	je na**q**uisse tu na**q**uisses il na**q**uît n. na**q**uissions v. na**q**uissiez ils na**q**uissent	nais naissons naissez	
j' ouvrirais tu ouvrirais il ouvrirait n. ouvririons v. ouvririez ils ouvriraient	j' ouvre tu ouvres il ouvre n. ouvrions v. ouvriez ils ouvrent	j' ouvrisse tu ouvrisses il ouvrît n. ouvrissions v. ouvrissiez ils ouvrissent	ouvr**e** ouvrons ouvrez	couvrir découvrir offrir souffrir
je partirais tu partirais il partirait n. partirions v. partiriez ils partiraient	je parte tu partes il parte n. partions v. partiez ils partent	je partisse tu partisses il partît n. partissions v. partissiez ils partissent	pars partons partez	dormir ressortir sentir servir sortir
je pa**i**erais tu pa**i**erais il pa**i**erait n. pa**i**erions v. pa**i**eriez ils pa**i**eraient	je pa**i**e tu pa**i**es il pa**i**e n. payions v. payiez ils pa**i**ent	je payasse tu payasses il payât n. payassions v. payassiez ils payassent	pa**i**e payons payez	effrayer essayer
je pa**y**erais tu pa**y**erais il pa**y**erait n. pa**y**erions v. pa**y**eriez ils pa**y**eraient	je pa**y**e tu pa**y**es il pa**y**e n. payions v. payiez ils pa**y**ent		pa**y**e payons payez	
je placerais tu placerais il placerait n. placerions v. placeriez ils placeraient	je place tu places il place n. placions v. placiez ils placent	je pla**ç**asse tu pla**ç**asses il pla**ç**ât n. pla**ç**assions v. pla**ç**assiez ils pla**ç**assent	place pla**ç**ons placez	annoncer avancer commencer forcer lancer prononcer
je plairais tu plairais il plairait n. plairions v. plairiez ils plairaient	je plaise tu plaises il plaise n. plaisions v. plaisiez ils plaisent	je plusse tu plusses il plût n. plussions v. plussiez ils plussent	plais plaisons plaisez	complaire déplaire (se) taire 囝　過去分詞 plu は不変
il pleuvrait	il pleuve	il plût		

183

不定法 現在分詞 過去分詞	直　　説　　法			
	現　在	半　過　去	単純過去	単純未来
㉟ **pouvoir** pouvant pu	je peux (puis) tu peux il peut n. pouvons v. pouvez ils peuvent	je pouvais tu pouvais il pouvait n. pouvions v. pouviez ils pouvaient	je pus tu pus il put n. pûmes v. pûtes ils purent	je pourrai tu pourras il pourra n. pourrons v. pourrez ils pourront
㊱ **préférer** préférant préféré	je préfère tu préfères il préfère n. préférons v. préférez ils préfèrent	je préférais tu préférais il préférait n. préférions v. préfériez ils préféraient	je préférai tu préféras il préféra n. préférâmes v. préférâtes ils préférèrent	je préférerai tu préféreras il préférera n. préférerons v. préférerez ils préféreront
㊲ **prendre** prenant pris	je prends tu prends il prend n. prenons v. prenez ils prennent	je prenais tu prenais il prenait n. prenions v. preniez ils prenaient	je pris tu pris il prit n. prîmes v. prîtes ils prirent	je prendrai tu prendras il prendra n. prendrons v. prendrez ils prendront
㊳ **recevoir** recevant reçu	je reçois tu reçois il reçoit n. recevons v. recevez ils reçoivent	je recevais tu recevais il recevait n. recevions v. receviez ils recevaient	je reçus tu reçus il reçut n. reçûmes v. reçûtes ils reçurent	je recevrai tu recevras il recevra n. recevrons v. recevrez ils recevront
㊴ **rendre** rendant rendu	je rends tu rends il rend n. rendons v. rendez ils rendent	je rendais tu rendais il rendait n. rendions v. rendiez ils rendaient	je rendis tu rendis il rendit n. rendîmes v. rendîtes ils rendirent	je rendrai tu rendras il rendra n. rendrons v. rendrez ils rendront
㊵ **résoudre** résolvant résolu	je résous tu résous il résout n. résolvons v. résolvez ils résolvent	je résolvais tu résolvais il résolvait n. résolvions v. résolviez ils résolvaient	je résolus tu résolus il résolut n. résolûmes v. résolûtes ils résolurent	je résoudrai tu résoudras il résoudra n. résoudrons v. résoudrez ils résoudront
㊶ **rire** riant ri	je ris tu ris il rit n. rions v. riez ils rient	je riais tu riais il riait n. riions v. riiez ils riaient	je ris tu ris il rit n. rîmes v. rîtes ils rirent	je rirai tu riras il rira n. rirons v. rirez ils riront
㊷ **savoir** sachant su	je sais tu sais il sait n. savons v. savez ils savent	je savais tu savais il savait n. savions v. saviez ils savaient	je sus tu sus il sut n. sûmes v. sûtes ils surent	je saurai tu sauras il saura n. saurons v. saurez ils sauront

条　件　法	接　　続　　法		命　令　法	同　　　型
現　　在	現　　在	半　過　去		
je pourrais tu pourrais il pourrait n. pourrions v. pourriez ils pourraient	je puisse tu puisses il puisse n. puissions v. puissiez ils puissent	je pusse tu pusses il pût n. pussions v. pussiez ils pussent		
je préférerais tu préférerais il préférerait n. préférerions v. préféreriez ils préféreraient	je préfère tu préfères il préfère n. préférions v. préfériez ils préfèrent	je préférasse tu préférasses il préférât n. préférassions v. préférassiez ils préférassent	préfère préférons préférez	céder considérer espérer pénétrer posséder répéter
je prendrais tu prendrais il prendrait n. prendrions v. prendriez ils prendraient	je prenne tu prennes il prenne n. prenions v. preniez ils prennent	je prisse tu prisses il prit n. prissions v. prissiez ils prissent	prends prenons prenez	apprendre comprendre entreprendre reprendre surprendre
je recevrais tu recevrais il recevrait n. recevrions v. recevriez ils recevraient	je reçoive tu reçoives il reçoive n. recevions v. receviez ils reçoivent	je reçusse tu reçusses il reçût n. reçussions v. reçussiez ils reçussent	reçois recevons recevez	apercevoir concevoir décevoir
je rendrais tu rendrais il rendrait n. rendrions v. rendriez ils rendraient	je rende tu rendes il rende n. rendions v. rendiez ils rendent	je rendisse tu rendisses il rendît n. rendissions v. rendissiez ils rendissent	rends rendons rendez	attendre descendre entendre perdre répondre vendre
je résoudrais tu résoudrais il résoudrait n. résoudrions v. résoudriez ils résoudraient	je résolve tu résolves il résolve n. résolvions v. résolviez ils résolvent	je résolusse tu résolusses il résolût n. résolussions v. résolussiez ils résolussent	résous résolvons résolvez	
je rirais tu rirais il rirait n. ririons v. ririez ils riraient	je rie tu ries il rie n. riions v. riiez ils rient	je risse tu risses il rit n. rissions v. rissiez ils rissent	ris rions riez	sourire 囲　過去分詞 ri は不変
je saurais tu saurais il saurait n. saurions v. sauriez ils sauraient	je sache tu saches il sache n. sachions v. sachiez ils sachent	je susse tu susses il sût n. sussions v. sussiez ils sussent	sache sachons sachez	

不定法 現在分詞 過去分詞	直　　説　　法			
	現　　在	半　過　去	単純過去	単純未来
㊸ **suffire** suffisant suffi	je suffis tu suffis il suffit n. suffisons v. suffisez ils suffisent	je suffisais tu suffisais il suffisait n. suffisions v. suffisiez ils suffisaient	je suffis tu suffis il suffit n. suffîmes v. suffîtes ils suffirent	je suffirai tu suffiras il suffira n. suffirons v. suffirez ils suffiront
㊹ **suivre** suivant suivi	je suis tu suis il suit n. suivons v. suivez ils suivent	je suivais tu suivais il suivait n. suivions v. suiviez ils suivaient	je suivis tu suivis il suivit n. suivimes v. suivîtes ils suivirent	je suivrai tu suivras il suivra n. suivrons v. suivrez ils suivront
㊺ **vaincre** vainquant vaincu	je vaincs tu vaincs il vainc n. vainquons v. vainquez ils vainquent	je vainquais tu vainquais il vainquait n. vainquions v. vainquiez ils vainquaient	je vainquis tu vainquis il vainquit n. vainquimes v. vainquîtes ils vainquirent	je vaincrai tu vaincras il vaincra n. vaincrons v. vaincrez ils vaincront
㊻ **valoir** valant valu	je vaux tu vaux il vaut n. valons v. valez ils valent	je valais tu valais il valait n. valions v. valiez ils valaient	je valus tu valus il valut n. valûmes v. valûtes ils valurent	je vaudrai tu vaudras il vaudra n. vaudrons v. vaudrez ils vaudront
㊼ **venir** venant venu	je viens tu viens il vient n. venons v. venez ils viennent	je venais tu venais il venait n. venions v. veniez ils venaient	je vins tu vins il vint n. vinmes v. vintes ils vinrent	je viendrai tu viendras il viendra n. viendrons v. viendrez ils viendront
㊽ **vivre** vivant vécu	je vis tu vis il vit n. vivons v. vivez ils vivent	je vivais tu vivais il vivait n. vivions v. viviez ils vivaient	je vécus tu vécus il vécut n. vécûmes v. vécûtes ils vécurent	je vivrai tu vivras il vivra n. vivrons v. vivrez ils vivront
㊾ **voir** voyant vu	je vois tu vois il voit n. voyons v. voyez ils voient	je voyais tu voyais il voyait n. voyions v. voyiez ils voyaient	je vis tu vis il vit n. vimes v. vîtes ils virent	je verrai tu verras il verra n. verrons v. verrez ils verront
㊿ **vouloir** voulant voulu	je veux tu veux il veut n. voulons v. voulez ils veulent	je voulais tu voulais il voulait n. voulions v. vouliez ils voulaient	je voulus tu voulus il voulut n. voulûmes v. voulûtes ils voulurent	je voudrai tu voudras il voudra n. voudrons v. voudrez ils voudront

条　件　法 現　在	接　続　法 現　在	半　過　去	命令法	同　型
je suffirais tu suffirais il suffirait n. suffirions v. suffiriez ils suffiraient	je suffise tu suffises il suffise n. suffisions v. suffisiez ils suffisent	je suffisse tu suffisses il suffit n. suffissions v. suffissiez ils suffissent	suffis suffisons suffisez	注　過去分詞 suffi は不変
je suivrais tu suivrais il suivrait n. suivrions v. suivriez ils suivraient	je suive tu suives il suive n. suivions v. suiviez ils suivent	je suivisse tu suivisses il suivît n. suivissions v. suivissiez ils suivissent	suis suivons suivez	poursuivre
je vaincrais tu vaincrais il vaincrait n. vaincrions v. vaincriez ils vaincraient	je vainque tu vainques il vainque n. vainquions v. vainquiez ils vainquent	je vainquisse tu vainquisses il vainquit n. vainquissions v. vainquissiez ils vainquissent	vaincs vainquons vainquez	convaincre
je vaudrais tu vaudrais il vaudrait n. vaudrions v. vaudriez ils vaudraient	je vaille tu vailles il vaille n. valions v. valiez ils vaillent	je valusse tu valusses il valût n. valussions v. valussiez ils valussent		
je viendrais tu viendrais il viendrait n. viendrions v. viendriez ils viendraient	je vienne tu viennes il vienne n. venions v. veniez ils viennent	je vinsse tu vinsses il vint n. vinssions v. vinssiez ils vinssent	viens venons venez	appartenir devenir obtenir revenir (se) souvenir tenir
je vivrais tu vivrais il vivrait n. vivrions v. vivriez ils vivraient	je vive tu vives il vive n. vivions v. viviez ils vivent	je vécusse tu vécusses il vécût n. vécussions v. vécussiez ils vécussent	vis vivons vivez	survivre
je verrais tu verrais il verrait n. verrions v. verriez ils verraient	je voie tu voies il voie n. voyions v. voyiez ils voient	je visse tu visses il vit n. vissions v. vissiez ils vissent	vois voyons voyez	entrevoir revoir
je voudrais tu voudrais il voudrait n. voudrions v. voudriez ils voudraient	je veuille tu veuilles il veuille n. voulions v. vouliez ils veuillent	je voulusse tu voulusses il voulût n. voulussions v. voulussiez ils voulussent	veuille veuillons veuillez	

◆ 動詞変化に関する注意

不 定 法
-er
-ir
-re
-oir

現在分詞
-ant

		直説法現在		直・半過去	直・単純未来	条・現在
je	-e	-s	-ais	-rai	-rais
tu	-es	-s	-ais	-ras	-rais
il	-e	-t	-ait	-ra	-rait
nous	-ons		-ions	-rons	-rions
vous	-ez		-iez	-rez	-riez
ils	-ent		-aient	-ront	-raient

	直・単純過去			接・現在	接・半過去	命 令 法	
je	-ai	-is	-us	-e	-sse		
tu	-as	-is	-us	-es	-sses	-e	-s
il	-a	-it	-ut	-e	ˆt		
nous	-âmes	-îmes	-ûmes	-ions	-ssions	-ons	
vous	-âtes	-îtes	-ûtes	-iez	-ssiez	-ez	
ils	-èrent	-irent	-urent	-ent	-ssent		

〔複合時制〕

直　説　法	条　件　法
複合過去（助動詞の直・現在＋過去分詞）	過　去（助動詞の条・現在＋過去分詞）
大 過 去（助動詞の直・半過去＋過去分詞）	接　続　法
前 過 去（助動詞の直・単純過去＋過去分詞）	過　去（助動詞の接・現在＋過去分詞）
前 未 来（助動詞の直・単純未来＋過去分詞）	大過去（助動詞の接・半過去＋過去分詞）

* **現在分詞**は，通常，直説法・現在 1 人称複数の語尾 -ons を -ant に変えて作ることができる．(nous connaissons → connaissant)
* **直説法・半過去**の 1 人称単数は，通常，直説法・現在 1 人称複数の語尾 -ons を -ais に変えて作ることができる．(nous buvons → je buvais)
* **直説法・単純未来**と**条件法・現在**は，通常，不定法から作ることができる．
  (単純未来: aimer → j'aimerai　　finir → je finirai　　écrire → j'écrirai)
  　ただし，-oir 型動詞の語幹は不規則．(pouvoir → je pourrai　　savoir → je saurai)
* **接続法・現在**の 1 人称単数は，通常，直説法・現在 3 人称複数の語尾 -ent を -e に変えて作ることができる．(ils finissent → je finisse)
* **命令法**は，直説法・現在の 2 人称単数，1 人称複数，2 人称複数から，それぞれの主語 tu, nous, vous を取って作ることができる．（ただし，tu -es → -e　　tu vas → va）
  　avoir, être, savoir, vouloir の命令法は接続法・現在から作る．

著者紹介

岩根久（いわね・ひさし）
大阪大学サイバーメディアセンター招へい教員。専門はフランス文学。著書に『フランス語動詞活用ドリル虎の穴』（白水社）、『新 きりとるテスト 10 分間でフランス語』（第三書房）、『フランス文学小事典　増補版』（共編、朝日出版社）など。

渡辺貴規子（わたなべ・きみこ）
大阪大学大学院言語文化研究科講師。専門はフランス児童文学、比較文学。

フランス語動詞完全攻略ドリル

2021 年 12 月 5 日　印刷
2021 年 12 月 30 日　発行

著　者 © 岩　根　　　久
　　　　渡　辺　貴　規　子
発行者　及　川　直　志
印刷所　株式会社理想社

101-0052 東京都千代田区神田小川町 3 の 24
電話 03-3291-7811（営業部），7821（編集部）
www.hakusuisha.co.jp

発行所　　　　　　　　　　　　株式会社　白水社

乱丁・落丁本は送料小社負担にてお取り替えいたします。

振替 00190-5-33228　　Printed in Japan　　　加瀬製本

ISBN 978-4-560-08927-9

活用習得の王道＝反復練習に特化！

フランス語動詞活用ドリル虎の穴

岩根 久［著］

文ページを折ると，問題→答え合わせがサッとできるレイアウト＋繰り返し使える問題形式で反復練習に特化．活用の覚え方のコツも伝授．スマホより軽量＆コンパクトな新書判だから，スキマ時間にもどんどん手を動かして，活用をマスターしましょう． 新書判　148頁

動詞を制するものはフランス語を制す

フランス語動詞を使いこなす

石野好一［著］

基本動詞を使った幅広い表現，代名動詞の適切な使い方，類義動詞のニュアンス使い分けを確認しながら，それぞれの動詞の性質をとらえなおしてみましょう．動詞力のスキルアップは中級への第一歩！　練習問題で「動詞力」をさらにスキルアップ！ A5判　175頁

ハシビロコウが何度も登場する愉快なドリル

1日5題文法ドリル
つぶやきのフランス語

田中善英［著］

ツイッターから生まれた，愉快なフランス語ドリル．日常生活で使える60課，全1500題．1日5題ずつ練習すると，約1年で基本的な文法事項をひと通りカバーできます．学習者の理解を助けるワンポイント解説満載． 四六判　247頁

あなたの学習を着実にお手伝い！

ひとりでも学べるフランス語

中村敦子［著］

ABCから，ひととおりの初級文法までをやさしく丁寧に説明．カナ発音表記と音声アプリの組み合わせで，発音も正しく学べます．たっぷりの音声を繰り返し聞くことで，独習でも「わかった」「発音できる」という実感を最後まで持続できるよう工夫してあります． A5判　190頁